새로운 존재

새로운 존재

폴 틸리히 지음 | 김광남 옮김

뉴라이프

새로운 존재

지은이 | 폴 틸리히
옮긴이 | 김광남
펴낸이 | 윤순식

초판 발행 | 2008년 7월 15일
펴낸곳 | 뉴라이프
등록번호 | 제396-2007-000150호
등록일 | 2008년 1월 22일
주소 | 경기도 고양시 일산구 장항동 573-28
전화 | 031-906-0011 **팩스** | 031-905-0288
이메일 | cwpub@hanmail.net

값 11,000원
ISBN 978-89-960743-1-1

본서의 한국어판 저작권은 뉴라이프에 있습니다.
저작권법에 의해 한국 내에서 보호를 받는 저작물이므로
무단 전재와 복제를 금합니다.

The New Being

by Paul Tillich

머리말

이 설교집은 내가 첫 번째 설교집인 『흔들리는 터전』을 출간한 후 주로 여러 대학들에서, 특히 뉴욕에 있는 유니온신학교와 코네티컷 주 뉴런던에 있는 코네티컷 대학에서 했던 설교들을 모은 책입니다.

이 두 책의 제목, 즉 『흔들리는 터전』과 『새로운 존재』는 첫 번째 책이 제기하는 주된 문제들과 두 번째 책이 제기하는 주된 문제들 사이의 관계를 보여 줍니다. 말하자면, 『새로운 존재』는 『흔들리는 터전』에서 발전된 문제들에 대한 대답인 셈입니다.

나는 메리 헤일너 양에게 감사를 전하며 이 책을 그녀에게 바칩니다. 그녀는 첫 번째 책에서처럼 이 책에서도 내가 독일어적 표현들과 그 밖에 문체상의 약점들을 제거하도록 도왔고 책 전체의 구성과 관련해 조언해 주었습니다.

성경에서의 인용문들은 주로 1946년과 1952년 판 「개역표준역」(RSV)의 본문을 따랐습니다. 그 본문의 판권 소유자인 미국기독교교회협의회 기독교교육부는 친절하게도 내가 그 본문을 사용하도록 허락해 주었습니다.

1955년, 뉴욕에서
폴 틸리히

차례

제1부 사랑으로서의 새로운 존재

1. 많이 용서 받은 자 / 13
2. 새로운 존재 / 32
3. 사랑의 힘 / 49
4. 황금률 / 56
5. 치유에 관하여 (1) / 63
6. 치유에 관하여 (2) / 78
7. 거룩한 낭비 / 85
8. 정사와 권세들 / 92

제2부 자유로서의 새로운 존재

9. 진리가 무엇이냐? / 113
10. 신앙과 불확실성 / 134
11. 무슨 권위로? / 142

12. 메시아는 왔는가? / 163
13. 나를 믿는 자는… / 170
14. 예와 아니요 / 176
15. 누가 나의 어머니이며 동생들이냐? / 182
16. 만물이 다 너희 것임이라 / 190
17. 여호와께로부터 받은 말씀이 있느냐? / 196
18. 보는 것과 듣는 것 / 216
19. 기도의 역설 / 233

제3부 실현으로서의 새로운 존재

20. 기쁨의 의미 / 243
21. 우리의 궁극적 관심 / 261
22. 올바른 때 / 275
23. 사랑은 죽음보다 강하다 / 291
24. 우주의 구원 / 299

제1부

사랑으로서의 새로운 존재

The New Being as Love

"사랑은 정의 이상이며 믿음과 소망보다도 위대합니다.
사랑은 하나님 자신의 현존입니다."

1
많이 용서 받은 자

36한 바리새인이 예수께 자기와 함께 잡수시기를 청하니 이에 바리새인의 집에 들어가 앉으셨을 때에 37그 동네에 죄를 지은 한 여자가 있어 예수께서 바리새인의 집에 앉아 계심을 알고 향유 담은 옥합을 가지고 와서 38예수의 뒤로 그 발 곁에 서서 울며 눈물로 그 발을 적시고 자기 머리털로 닦고 그 발에 입맞추고 향유를 부으니 39예수를 청한 바리새인이 그것을 보고 마음에 이르되 이 사람이 만일 선지자라면 자기를 만지는 이 여자가 누구며 어떠한 자 곧 죄인인 줄을 알았으리라 하거늘 40예수께서 대답하여 이르시되 시몬아 내가 네게 이를 말이 있다 하시니 그가 이르되 선생님 말씀하소서 41이르시되 빚 주는 사람에게 빚진 자가 둘이 있어 하나는 오백 데나리온을 졌고 하나는 오십 데나리온을 졌는

데 42갚을 것이 없으므로 둘 다 탕감하여 주었으니 둘 중에 누가 그를 더 사랑하겠느냐 43시몬이 대답하여 이르되 내 생각에는 많이 탕감함을 받은 자니이다 이르시되 네 판단이 옳다 하시고 44그 여자를 돌아보시며 시몬에게 이르시되 이 여자를 보느냐 내가 네 집에 들어올 때 너는 내게 발 씻을 물도 주지 아니하였으되 이 여자는 눈물로 내 발을 적시고 그 머리털로 닦았으며 45너는 내게 입맞추지 아니하였으되 그는 내가 들어올 때로부터 내 발에 입맞추기를 그치지 아니하였으며 46너는 내 머리에 감람유도 붓지 아니하였으되 그는 향유를 내 발에 부었느니라 47이러므로 내가 네게 말하노니 그의 많은 죄가 사하여졌도다 이는 그의 사랑함이 많음이라 사함을 받은 일이 적은 자는 적게 사랑하느니라

누가복음 7:36-47

우리가 읽은 이야기는 탕자의 비유처럼 누가복음에만 나옵니다. 탕자의 비유에서처럼 우리의 이야기에서도 자신은 물론이고 다른 사람들로부터 굉장한 죄인으로 간주되는 사람이 참으로 의롭다고 간주되는 사람과 대비되고 있습니다. 두 경

우 모두에서 예수님은 죄인의 편에 서시고 그로 인해 비난을 받습니다. 탕자의 비유에서는 의로운 큰아들로부터 간접적으로 비난을 받고, 우리의 이야기에서는 의로운 바리새인으로부터 직접 비난을 받습니다.

우리는 결국 그 죄인들은 그들 자신이나 다른 사람들이 판단하는 것만큼 큰 죄를 지은 것이 아니었고 의로운 사람들도 그렇게 의로운 것이 아니었다고 주장함으로써 예수님이 보여 주신 이런 태도의 의미를 희석시켜서는 안 됩니다. 이 이야기나 탕자의 비유에서는 그런 의미를 가진 표현은 아무것도 나오지 않습니다. 그 죄인들은 — 이 이야기에서는 창녀이고, 탕자의 비유에서는 창녀들의 친구인 탕자입니다 — 그들에 대한 진지한 도덕적 요구를 제거해 주는 윤리적 논쟁을 통해서나, 그들의 개인적 책임을 제거해 주는 사회학적 설명을 통해서나, 그들의 의식적인 결정의 심각성을 제거해 주는 무의식적 동기에 대한 분석을 통해서나, 그들의 개인적 죄책을 제거해 주는 인간의 보편적 곤경에 대한 설명을 통해서 용서되지 않습니다. 그들은 아무 제한 없이 분명하게 "죄인"(sinner)이라고 불립니다.

이것은 예수님과 신약성경 기자들이 인간의 실존을 결정하는 심리적 혹은 사회적 요소들을 의식하지 못하고 있음을 보여 주는 것이 아닙니다. 오히려 그들은 이 세상에 대한 죄의 보편적이고 피할 수 없는 지배, 마귀가 사람들의 영혼에 가하는 분열로 인해 발생하는 정신질환 및 신체적 훼손, 민중의 경제적·정신적 불행 등을 날카롭게 의식하고 있었습니다. 그러나 그들이 인간의 곤경을 묘사하는 데 그토록 결정적인 이런 요소들을 의식한다고 해서, 그것이 그들로 하여금 죄인들을 "죄인"이라고 부르는 것을 가로막지는 않습니다. 이해는 판단을 대체하지 않습니다.

우리는 우리보다 앞선 세대의 사람들보다 훨씬 더 많은 것을 훨씬 더 잘 이해하고 있습니다. 그러나 우리가 인간의 실존이라는 상황에 대해 놀랄 만큼 많은 통찰을 갖고 있다고 해도, 그것이 우리가 잘못을 잘못이라고 부르는 용기를 가로막아서는 안 됩니다. 이 이야기와 탕자의 비유에서 죄인들은 진지하게 "죄인"이라고 불립니다.

하나님의 법의 수호자들

똑같은 방식으로 의인들은 진지하게 "의인"(the righteous)이라고 불립니다. 만약 우리가 의인들이 실제로는 의인이 아님을 보여 주려고 한다면, 우리는 우리의 이야기의 핵심을 놓치게 될 것입니다. 탕자의 비유에서 큰아들은 그가 해야 할 일을 합니다. 그는 자기가 무언가 옳지 않은 일을 했다고 느끼지 않으며, 그의 아버지도 그가 그런 일을 했다고 말하지 않습니다. 그의 의로움은 문제가 되지 않습니다. 바리새인 시몬의 의로움 역시 마찬가지입니다. 예수님에 대한 그의 사랑의 부족하다는 비난은 그의 의(義)가 부족하다는 비난이 아닙니다. 그러나 그의 사랑이 부족하다는 것은 그가 적게 용서받았다는 사실을 보여 줍니다.

"의"(righteousness)는 쉽게 얻을 수 있는 게 아닙니다. 의를 얻기 위해서는 엄청난 자제력, 힘겨운 훈련, 그리고 자신에 대한 지속적인 관찰이 필요합니다. 그러므로 우리는 의로운 자들을 경멸해서는 안 됩니다. 전통적인 기독교적 관점에서 바리새인들은 모든 악한 것들의 대표자들처럼 되었습니다. 그러나 그들은 그들의 시대에 매우 경건하고 도덕적으로 열심 있는 자들이었습니다.

그들과 예수님 사이의 갈등은 단지 옳고 그름 사이의 갈등이 아니었습니다. 무엇보다도 그것은 오래되고 거룩한 전통과 그 전통 속으로 뚫고 들어와 그것의 궁극적 의미를 빼앗고자 하는 새로운 현실 사이의 갈등이었습니다. 그것은 도덕적인 갈등에 불과한 것이 아니었습니다. 오히려 그것은 그 세대를 포함해 이후의 모든 세대가 경험하게 될 기독교와 유대교 사이의 비극적인 갈등을 예고하는 비극적인 갈등이었습니다. 바리새인들은 그들 시대에 하나님의 율법의 수호자들이었습니다. 우리는 이것을 잊어서는 안 됩니다.

바리새인들은 다른 의로운 자들의 그룹과 비교될 수 있습니다. 예를 들어, 우리는 그들을 미국의 역사에서 굉장한 역할을 해 온 그룹인 청교도들과 비교할 수 있습니다. 바리새인이라는 이름과 마찬가지로 청교도라는 이름 자체가 세상의 불결한 것들과의 결별을 의미합니다. 분명히 청교도들은 그 창녀에 대한 예수님의 태도를 바리새인 시몬처럼 비판했을 것입니다. 그리고 우리는 그들이 이런 비판을 했다는 이유로 그들을 비난하거나 그들의 모습을 왜곡하면서 한담(閑談)이나 해서는 안 됩니다. 그들은 바리새인들과 마찬가지로 그들의 시대에 하나님의 율법을 수호했던 사람들이기 때문입니다.

우리 시대에는 어떻습니까? 정당한 말은 아니지만, 프로테스탄트 교회들은 그들이 이론적으로 또 실제적으로 기독교를 해석하는 방식 때문에 중산층의 교회가 되었다는 말을 듣고 있습니다. 이런 비판은 프로테스탄트 교회들이 그들의 교회,

그들의 잘 확립된 도덕, 그리고 그들의 자선 사업에 지나치게 집착하고 있음을 보여 줍니다.

그들은 "의롭습니다." 아마도 예수님은 그들을 그렇게 부르실 것입니다. 그리고 확실히 그들은 바리새인 시몬과 청교도들처럼 우리의 이야기에 나오는 여자에 대한 예수님의 태도를 비난했을 것입니다. 그리고 다시 말씀드리지만, 우리는 이것 때문에 그들을 비난해서는 안 됩니다. 그들은 그들의 종교적 의무와 도덕적 의무를 진지하게 이행하고 있는 것이기 때문입니다. 그들은 바리새인이나 청교도들처럼 우리 시대의 하나님의 율법의 수호자들입니다.

그럼에도 불구하고

성경에서 죄인들은 진지하게 "죄인들"로, 또한 의인들은 진지하게 "의인들"로 불립니다. 우리는 이 사실을 분명하게 인식해야만 예수님의 태도의 깊이와 그 혁명적인 힘을 이해할 수 있습니다. 예수님은 의인들이 그것의 수호자 노릇을 하는 율법의 타당성을 의심하지 않으시지만 의인들과 맞서서 죄인들의 편에 서십니다. 여기에서 우리는 역설적 깊이와 뒤흔들고 해방하는 능력을 지닌 기독교 메시지의 신비에 접근하게 됩니다. 우리는 본문의 이야기를 해석하는 과정에서 그 신비를 어렴풋이나마 이해하게 되기를 바랄 뿐입니다.

바리새인 시몬은 창녀에 대한 예수님의 태도로 인해 충격을 받았습니다. 그는 죄인들이 의인들보다 더 큰 사랑을 갖고 있는 이유는 그들이 더 많이 용서 받았기 때문이라는 대답을 듣습니다. 창녀에게 용서를 가져온 것이 그 여자의 사랑 때문이 아니라, 오히려 그녀가 받은 용서가 그녀의 사랑을 만들어 냈다는 것입니다. 그녀는 그녀의 사랑으로 인해 자신이 많이 용서 받았음을 보여 줍니다. 반면에 그 바리새인에게 사랑이 부족한 것은 그가 적게 용서 받았음을 보여 줍니다.

예수님은 그 여자를 "용서하시지" 않습니다. 오히려 그분은 그녀가 용서를 받았다고 "선언하십니다." 그녀의 마음의 상태, 그녀의 사랑의 환희가 그녀에게 무언가가 일어났음을 보여 줍니다. 그리고 한 인간에게 일어날 수 있는 것 중에서 용서보다 큰 것은 없습니다. 왜냐하면 용서는 소외에도 불구하고 이루어지는 화해, 적대감에도 불구하고 이루어지는 재결합, 용납될 수 없는 자에 대한 용납, 그리고 거부된 사람에 대한 환영을 의미하기 때문입니다.

용서는 무조건적입니다. 그렇지 않다면 그것은 전혀 용서가 아닙니다. 용서는 "그럼에도 불구하고"(in spite of)라는 특성을 갖고 있습니다. 하지만 의로운 자들은 용서에 "때문에"(because)라는 특성을 부여합니다. 그러나 죄인들은 그렇게 할 수 없습니다. 그들은 하나님의 "그럼에도 불구하고"를 인간의 "때문에"로 바꾸지 못합니다. 그들은 자기들이 그것 "때문에" 용서 받아야 하는 것들을 보여 주지 못합니다.

하나님의 용서는 무조건적입니다. 인간에게는 그를 용서 받을 만하게 만들어 줄 그 어떤 조건도 없습니다. 만약에 용서가 조건적이고 인간에 의해 결정된다면, 아무도 용납될 수 없을 것이고, 아무도 자신을 용납할 수도 없을 것입니다. 우리는 이것이 우리의 상황이라는 것을 알고 있습니다. 그러나 우리는 그 사실과 직면하기를 싫어합니다. 용서는 선물로서는 너무 크고, 심판으로서는 우리를 너무 낮아지게 합니다. 우리는 무언가 공헌하고 싶어 합니다. 그리고 자신이 긍정적인 아무것도 보탤 수 없다는 사실을 알게 될 때, 우리는 적어도 부정적인 무언가라도 보태고자 애씁니다. 가령 자기비난이나 자기거부 같은 고통이라도 말입니다.

우리는 우리의 이야기와 탕자의 비유를 마치 그것들이 다음과 같이 말하는 것처럼 해석합니다. "이 죄인들은 그들이 자신들을 낮추고 자기들이 용납될 수 없음을 고백했기 때문에 용서 받았어. 즉 그들은 그들의 죄로 가득 찬 곤경으로 인해 고통을 받았기 때문에 용서 받을 만하게 된 거야." 그러나 그 이야기들을 이런 식으로 읽는 것은 잘못일 뿐 아니라 위험하기까지 합니다. 만약 그것이 우리가 하나님과 화해하는 방식이라면, 우리는 우리 안에서 무가치함에 대한 감정, 자기거부의 고통, 죄책에 대한 근심과 절망 등을 만들어내야 할 것입니다.

많은 기독교인들이 자신들이 하나님과 자기 자신에게 용납될 만하다는 것을 보이기 위해 그런 노력을 합니다. 그들은 자신들의 선행(善行)이 도움이 되지 않는다는 사실을 알고 난 후에는 자기징계라는 감정적인 작업을 수행합니다. 그러나 그런 감정적인 작업 역시 도움이 되지 않습니다.

하나님의 용서는 우리가 하는 어떤 일과도 상관이 없습니다. 심지어 자기 정죄나 자기 비하와도 무관합니다. 만약 그렇지 않다면, 우리의 자기 거부가 용서에 합당할 만큼 충분하게 진지하다는 것을 우리가 어떻게 확신할 수 있겠습니까? 용서가 회개를 낳습니다. 우리의 이야기는 그렇게 선언합니다. 그리고 회개는 용서를 경험한 사람들이 하는 경험입니다.

사랑을 초래하는 용서

그 여인이 시몬의 집으로 예수님을 찾아 간 것은 그녀가 용서를 받았기 때문이었습니다. 우리는 무엇이 그녀를 예수님께 이끌어갔는지 정확하게 알지 못합니다. 그러나 혹시 그 이유를 알게 된다면, 분명히 우리는 그것이 여러 가지 동기들이 복합된 것임을 알게 될 것입니다. 즉 그것은 자연스러운 이끌림과 영적인 갈망, 그리고 예수님의 인품에 대한 인상뿐 아니라 그분이 갖고 있던 선지자적 능력 등의 복합이었을 것입니다.

우리의 이야기는 그 여자에 대한 정신분석을 하지 않습니다. 그러나 그것은 또 정신분석의 대상이 될 수 있는 그녀의 인간적인 동기(動機)들을 부인하지도 않습니다. 인간의 동기는 항상 모호합니다. 하나님의 용서는 이런 애매함을 뚫고 들어옵니다. 그러나 그것은 용서가 주어지기 전에 그런 모호함을 명백하게 할 것을 요구하지 않습니다. 만약 그것이 요구된다면, 용서는 결코 일어날 수 없을 것입니다. 그 여자의 행동에 대한 서술은 그녀의 동기의 모호함을 분명하게 보여 줍니다. 그럼에도 불구하고 그녀는 용납됩니다.

용서를 위한 조건은 없습니다. 그러나, 만약 우리가 그것을 요구하고 받아들이지 않는다면, 용서는 우리에게 주어질 수 없습니다. 용서는 우리의 실존에 내포된 문제에 대한 하나님의 응답입니다. 응답은 오직 그것을 요구하는 자, 즉 문제를 의식하고 있는 자에게만 응답이 됩니다. 이런 의식은 조작될 수 없습니다. 그것은 여러 층의 의(義)에 휩싸인 채 우리의 영혼 깊은 곳에 숨어 있을 수 있습니다. 그러다가 어느 순간에 갑자기 우리의 의식의 층에 이를 수 있습니다. 혹은 점차적으로 우리의 무의식의 심연뿐 아니라 의식적인 삶을 채우고 우리를 용서가 그것의 해답이 되는 질문에로 이끌어갈 수도 있습니다.

많은 사람들의 마음속에서 "용서"라는 단어는 예수님이 우리의 이야기에 등장하는 여자를 다루시는 방식과 완전히 모순되는 의미를 갖고 있습니다. 우리 중 많은 이들이 그것을 거드름을 피우면서 잘못을 눈감아 주거나 징벌을 면제해 주는 것으로, 다시 말해, 의로운 자들이 행하는 또 다른 의로운 행위로 여깁니다. 그러나 참된 용서는 "참여"(participation), 즉 소외의 세력들을 정복하는 재결합입니다. 그리고 오직 그렇기 때문에 용서가 사랑을 가능하게 만듭니다. 우리는 용서를 받아들이지 않고는 사랑할 수 없습니다. 그리고 우리의 용서의 경험이 깊을수록, 우리의 사랑도 커집니다.

우리는 자신이 거부되었다고 느끼는 곳에서는, 비록 그 거부가 아무리 정당하게 이루어졌다고 할지라도, 누군가를 사랑할 수 없습니다. 우리는 우리가 그것에 속해 있지만 그것에 의해 우리가 판단을 받는다고 느끼는 것에 대해 적대적이 됩니다. 그런 판단이 꼭 말로 표현되지는 않더라도 말입니다. 하나님께 거부되었다고 느끼는 한, 우리는 그분을 사랑할 수 없습니다. 그럴 때 우리는 그분을 우리를 억누르는 힘, 자신이 원하는 대로 율법을 부여하시는 분, 자신의 계명을 따라 판단하시는 분, 그리고 자신의 분노를 따라 정죄하시는 분으로 여기게 됩니다.

그러나 만약 우리가 그분이 우리와 화해하셨다는 메시지를 받아서 용납한다면, 모든 것이 변합니다. 그분의 치유의 능력이 격렬한 물줄기처럼 우리 안으로 들어옵니다. 우리는 그분을 긍정하고 그분과 함께 우리의 존재, 우리와 소외되어 있던 다른 이들, 그리고 우리의 삶 전체를 긍정하게 됩니다. 그후 우리는 그분의 사랑만이 우리의 존재의 법이며, 그 법은 결합시키는 사랑의 법이라는 것을 깨닫게 됩니다. 또 우리는 우리가 압제와 심판과 분노로 경험했던 것이 사실은 우리 안에서 사랑과 반대되는 모든 것을 파괴하고자 하는 사랑의 역사(役事)였음을 깨닫게 됩니다.

이런 사랑을 사랑하는 것이야말로 하나님을 사랑하는 것입니다. 신학자들은 인간이 하나님에 대한 사랑을 지닐 수 있느냐에 대해 질문해 왔습니다. 그들은 사랑을 복종으로 대체시켰습니다. 그러나 그들의 주장은 우리의 이야기에 의해 반박됩니다. 그들은 의인들을 위한 신학을 가르칠 뿐 죄인들을 위한 신학은 가르치지 않습니다. 용서 받은 자는 하나님을 사랑하는 것이 무엇을 의미하는지 압니다.

용서, 용납을 가능케 하는 힘

하나님을 사랑하는 자는 또한 삶을 용납하고 그것을 사랑할 수 있습니다. 이것은 하나님을 사랑하는 것과 동일하지는 않습니다. 모든 세대의 수많은 경건한 자들에게 하나님에 대한 사랑은 삶에 대한 증오의 다른 측면이었습니다. 그리고 우리 모두 안에는 삶에 대한 큰 적대감이 존재합니다. 심지어 삶에 완전히 굴복한 자들에게도 그러합니다. 삶에 대한 우리의 적대감은 삶에 대한 냉소, 혐오, 비통함, 그리고 계속되는 정죄를 통해 드러납니다. 우리는 자신이 삶에 의해 거부되었다고 느낍니다. 분명한 어둠과 위협과 공포 때문이 아니라 우리가 삶의 힘과 의미로부터 소외된 것으로 인해 그렇게 느낍니다.

삶의 창조적인 근거이자 살아 있는 모든 것 안에 들어 있는 삶의 능력이신 하나님과 재결합한 자는 삶과 재결합합니다. 그는 자신이 삶에 의해 용납되었다고 느끼고 그로 인해 삶을 사랑할 수 있습니다. 그는 사랑이 클수록 그것에 의해 극복되는 소외도 크다는 것을 이해합니다. 나는 삶에 대해 깊은 적대감을 갖고 있는 이들에게 비유적인 언어로 말하고 싶습니다. "삶은 당신을 용납합니다. 삶은 당신을 자신의 분리된 일부로서 사랑합니다. 삶은 당신이 자기와 재결합하기를 원합니다. 심지어 그것이 당신을 파괴하려는 듯 보일 때조차 그러합니다."

다른 그 무엇보다 우리와 가깝지만 또한 종종 우리와 가장 소외되어 있는 삶의 부분이 있습니다. 그것은 바로 "다른 사람들"입니다. 우리 모두는 인간의 영혼의 어느 영역에서는 사물이 그 자애로운 표면에서와는 아주 다르게 보인다는 것을 알고 있습니다. 그런 곳에서 우리는 우리가 사랑하는 이들에 대한 숨겨진 적대감을 발견할 수 있습니다. 우리는 우리가 그들에게 참으로 용납되었는지에 대한 고통스럽고 질투가 섞인 의심을 발견할 수 있습니다.

우리는 우리와 가장 가까운 사람들로부터 거부되는 것에 대한 이런 적대감과 근심을 다양한 형태의 사랑 안에 숨길 수 있습니다. 가령 우정, 감각적인 사랑, 부부애나 가족애 같은 것들 속에 말입니다. 그러나 만약 우리가 궁극적인 용납을 경험했다면, 이런 근심은 제거되지는 않을지라도 정복될 수는 있습니다. 우리는 다른 사람의 사랑의 응답을 확신하지 않고서도 그를 사랑할 수 있습니다. 왜냐하면 우리는 우리가 그의 용납을 원하는 것만큼이나 그 역시 우리의 용납을 원하며 우리 모두가 궁극적인 용납의 빛 안에서 서로 결합되어 있다는 것을 알기 때문입니다.

궁극적으로 용납되는 사람은 또한 자신을 용납할 수 있습니다. 용서 받는 것과 자신을 용납하는 것은 하나이며 같은 것입니다. 아무도 자신이 자기보다 큰 힘, 즉 친구들이나 상담가들이나 심리적 도움을 주는 자들보다 큰 힘에 의해 용납되었다고 느끼지 못하는 한 자신을 용납할 수 없습니다. 그런 사람들은 우리에게 용납하는 힘을 지목해 줄 수 있습니다. 그리고 그렇게 하는 것이 목회자의 역할입니다. 그러나 그에게도 그리고 다른 이들에게도 그들보다 큰 용납하는 힘이 필요합니다.

우리의 이야기에 등장하는 여자는, 만약 그녀가 권위 있는 음성으로 그녀를 향해 "너는 용서 받았다" 하고 말씀하셨던 예수님을 통해 역사하는 그런 힘을 발견하지 못했다면, 자신의 존재에 대한 혐오감을 극복할 수 없었을 것입니다. 요컨대, 그녀는 적어도 그녀의 삶의 어느 황홀한 순간에 그녀를 자기 자신과 결합시키고 그녀에게 자신의 운명조차 사랑할 수 있게 해주었던 능력을 경험했던 것입니다.

그 일은 어느 위대한 순간에 그녀에게 일어났습니다. 그리고 이 점에서 그녀는 예외가 아닙니다. 결정적인 영적 경험들은 "새로운 발견"(break-through)이라는 특성을 갖고 있습니다. 자신을 가치 있는 존재로 만들고자 하는 우리의 무익한 노력의 한 가운데서, 또 그런 노력의 불가피한 실패에 대한 절망 속에서 우리는 갑자기 자신이 용서 받았다는 확신에 사로잡힙니다. 그리고 사랑의 불꽃이 타오르기 시작합니다. 그런 일은 자주 일어나지는 않습니다. 그러나 그런 일이 일어난다면, 그것이 우리의 모든 것을 결정하고 변화시킵니다.

의보다 큰 사랑

이제 우리가 "의인"이라고 묘사했던 이들을 다시 한 번 살펴봅시다. 그들은 참으로 의로운 자들입니다. 그러나 그들은 적게 용서 받았기 때문에 적게 사랑합니다. 그리고 이것이 그들의 불의(不義)입니다. 그들의 불의는 그들의 도덕적 수준에 달려 있지 않습니다. 욥의 친구들은 욥의 불의를 그의 도덕적 수준에서 찾다가 실패했습니다. 오히려 그의 불의는 궁극적 실재, 즉 친구들의 공격에 맞서 그의 의로움을 옹호하시는 하나님, 그의 공격과 그의 궁극적 불의에 맞서 자신을 변호하시는 하나님과의 만남의 수준에 달려 있었습니다.

의로운 자들의 의는 견고하며 자기 확신으로 가득 차 있습니다. 그들 역시 용서를 바랍니다. 그러나 그들은 자기들에게 그것이 많이 필요하다고 믿지 않습니다. 따라서 그들의 의로운 행위는 사랑의 온기로 뜨거워지지 않습니다. 그들은 우리의 이야기에 등장하는 여자를 도울 수 없었습니다. 그리고 우리가 아무리 그들을 존경할지라도 그들은 우리들 역시 돕지 못합니다.

왜 아이들이 그들의 의로운 부모에게 등을 보입니까? 왜 남편들이 그들의 의로운 아내로부터 돌아섭니까? 왜 기독교인들이 그들의 의로운 목회자로부터 돌아섭니까? 왜 사람들이 그들의 의로운 이웃들로부터 돌아섭니까? 왜 많은 사람들이 의로운 기독교와 그것이 묘사하는 예수님과 그것이 선포하는 하나님으로부터 돌아섭니까? 또한 왜 사람들이 의로운 자들이라고 여겨지지 않는 자들에게로 돌아섭니까? 분명히 그것은 그들이 심판을 모면하고자 하기 때문입니다. 그러나 그보다 더 큰 이유는 그들이 용서에 근거한 사랑을 구하기 때문입니다. 그리고 의로운 자들은 그것을 제공하지 못합니다. 사람들이 찾아가는 다른 많은 이들 역시 마찬가지입니다.

　예수님은 전혀 용납될 수 없는 여자에게 그것을 주셨습니다. 만약 교회가 동일한 일을 한다면, 만약 교회가 의롭다고 판단될 수 없는 사람을 만날 때 시몬이 아니라 예수님의 모범을 따른다면, 교회는 지금보다 참된 그리스도의 교회가 될 것입니다. 의로움을 추구하는 우리가 더 많이 용서 받는다면, 더 많이 사랑한다면, 그리고 자신을 자신의 의로움으로 인해 하나님께 용납될 수 있는 것처럼 보이고자 하는 유혹에 맞서 더 잘 저항할 수 있다면, 우리는 더 나은 기독교인이 될 것입니다.

2

새로운 존재

¹⁵할례나 무할례가 아무 것도 아니로되 오직 새로 지으심을 받는 것만이 중요하니라

갈라디아서 6:15

만약 누군가 나에게 우리 시대를 향한 기독교의 메시지를 두 단어로 요약해 달라고 요청한다면, 나는 바울의 말을 빌려 그것은 "새로운 창조"(New Creation)에 대한 메시지라고 말하겠습니다. 우리는 바울이 고린도후서에서 새로운 창조에 대해 했던 말들을 읽어 왔습니다. 그의 문장들 중 하나를 정확한 번역으로 반복해 보겠습니다. "만약 누군가 그리스도와 결합되어 있다면 그는 새로운 존재입니다. 낡은 상태는 사라졌고 새로운 상태가 존재합니다"(고후 5:17). 기독교는 "새로운 존재"(New Being), 즉 예수님의 출현과 더불어 나타난 "새로운 현실"(New Reality)에 대한 메시지입니다. 예수님은 이런 이유로 그리고 오직 이런 이유만으로 "그리스도"라고 불리십니다. 왜냐하면 그리스도 혹은 메시아, 즉 선택되고 기름 부음을 받으신 분은 새로운 상태를 가져오시는 분이기 때문입니다.

우리 모두는 낡은 상태 속에서 살아가고 있습니다. 그리고 우리의 본문이 우리에게 묻는 질문은 우리가 새로운 상태에도 참여하고 있느냐는 것입니다. 우리는 옛 창조에 속해 있습니다. 그리고 기독교가 우리에게 요구하는 것은 우리가 새로운 창조에도 참여하라는 것입니다. 우리는 옛 존재 안에 있는 자신에 대해 알고 있습니다. 그리고 이제 우리는 또한 우리가 자신 안에서 새로운 존재와 관련된 무언가를 경험한 적이 있는지 물어야 합니다.

할례와 무할례

이 새로운 존재란 무엇입니까? 바울은 먼저 그것이 무엇이 아닌지에 대해 말함으로써 그 질문에 대답합니다. 그는 그것은 "할례나 무할례가 아니다"라고 말합니다. 바울에게 그리고 그의 편지를 읽는 독자들에게 이것은 아주 분명한 의미를 갖고 있었습니다. 즉 그것은 유대인이 되거나 이교도가 되는 것은 궁극적으로 중요하지 않다는 것이었습니다. 오직 한 가지만 중요한데, 그것은 그 안에 새로운 현실이 현존하는 분과 결합하는 것입니다.

할례나 무할례 - 우리에게 이것은 무엇을 의미합니까? 그것은 아주 구체적이지만 그와 동시에 아주 보편적인 무언가를 의미할 수 있습니다. 그것은 그 어떤 종교도 새로운 존재를 만들어내지 못한다는 것을 의미합니다. 할례는 유대인들이 지키는 종교의식입니다. 제사는 이방인들이 지키는 종교의식입니다. 세례는 기독교인들이 지키는 종교의식입니다. 그리고 그 모든 의식(儀式)들은 중요하지 않습니다. 오직 새로 지으심을 받는 것만이 중요합니다. 바울의 말에 의하면, 이런 의식들은 그것들이 속해 있는 종교를 상징합니다. 따라서 우리는 다음과 같이 말할 수 있습니다. "그 어떤 종교도 중요하지 않다. 오직 새로운 상태만이 중요하다."

바울이 했던 이 놀라운 선언에 대해 생각해 봅시다. 무엇보다도 이 말의 의미는 기독교는 종교 이상이라는 것입니다. 기독교는 새로운 창조에 대한 메시지입니다. 종교로서의 기독교는 중요하지 않습니다. 그것은 할례나 무할례와 같습니다.

그 이상도 그 이하도 아닙니다! 우리가 바울의 이런 선언이 우리의 상황에 대해 갖는 의미를 상상할 수 있을까요?

이 시대의 기독교는 여러 가지 형태의 할례 및 무할례와 부닥치고 있습니다. 할례는 "종교"라 불리는 모든 것을 상징할 수 있습니다. 무할례는 "세속적"이라 불리지만 거의 종교나 다름없는 주장을 하고 있는 모든 것을 상징할 수 있습니다. 기독교 외에도 위대한 종교들이 있습니다. 가령 힌두교, 불교, 이슬람교, 그리고 유대교 같은 것들이 있습니다. 그것들은 그것들 각자에게 특징을 부여하는 나름의 신화와 의식들, 이른바 그들의 할례를 갖고 있습니다. 또 세속적인 운동들이 있습니다. 가령 파시즘, 공산주의, 세속적 휴머니즘, 그리고 윤리적 이상주의 같은 것들이 있습니다. 그것들은 신화와 의식을 피하려고 합니다. 그것들은 이른바 무할례를 대표합니다. 그럼에도 그것들은 또한 궁극적 진리를 주장하며 완전한 헌신을 요구합니다.

기독교의 메시지

기독교는 그것들에 어떻게 대응해야 할까요? 기독교는 그것들을 향해 "우리에게 오라, 우리가 더 나은 종교다, 우리의 할례 혹은 무할례가 너희의 그것들보다 낫다"라고 말해야 할까요? 우리는 기독교를 세속적이기도 하고 종교적이기도 한 우리의 생활방식으로 여기며 칭송해야 할까요? 우리는 기독교의 메시지를 성공 이야기로 만들어 마치 광고업자들처럼 그것을 선전해야 할까요? "우리처럼 해보세요, 그러면 기독교가 모든 사람에게 얼마나 중요한지 알게 될 거예요." 어떤 선교사들과 사역자들과 평신도들은 그런 방법을 사용합니다. 이것은 기독교에 대한 그들의 총체적인 오해를 보여 줍니다.

선교사이자 사역자이자 평신도였던 사도 바울은 무언가 아주 다른 것에 대해 말합니다. 그는 다음과 같이 말합니다. "우리의 것이든 당신의 것이든, 특정한 종교는 중요하지 않다. 오히려 나는 당신에게 중요한 무언가가 발생했다고 말해 주고 싶다. 당신과 나를 그리고 당신의 종교와 나의 종교를 심판하는 무언가 발생했다. 새로운 창조가 발생했다. 새로운 존재가 나타났다. 그리고 우리 모두는 그것에 참여하라는 요청을 받고 있다."

그러므로 우리는 이방인과 유대인들을 만날 때마다 그들을 향해 다음과 같이 말해야 합니다. "당신의 종교와 우리의 종교를, 당신의 의식(儀式)과 우리의 의식을, 당신의 선지자들과 우리의 선지자들을, 당신의 제사장들과 우리의 제사장들을,

당신의 경건한 자들과 우리의 경건한 자들을 비교하지 말라. 이 모든 것은 아무 소용이 없다! 그리고 무엇보다도 우리가 당신을 영국이나 미국의 기독교로, 서양의 종교로 개종시키려 한다고 생각하지 말라. 우리는 당신을 우리의 종교로, 심지어 우리 중 최고의 종교로도 개종시키기를 원하지 않는다. 그것은 아무 소용이 없다. 다만 우리는 당신에게 우리가 본 것을 보여 주고 우리가 들은 것을 말해 주고 싶을 뿐이다. 그것은 옛 창조 안에 새로운 창조가 있으며, 그 새로운 창조가 그리스도라고 불리는 예수 안에서 분명하게 드러났다는 사실이다."

또 우리는 파시스트와 공산주의자들 그리고 과학적 휴머니스트와 윤리적 이상주의자들을 만날 때 그들을 향해 다음과 같이 말해야 합니다. "당신들이 그 어떤 의식(儀式)이나 신화도 갖고 있지 않음을, 당신들이 미신으로부터 자유로움을, 당신들이 완전하게 이성적이어서 어떤 의미로도 무할례자임을 지나치게 자랑하지 말라. 무엇보다도 당신들 역시 당신들의 의식과 신화들, 즉 얼마간의 할례를 갖고 있다. 심지어 그것들은 당신들에게 아주 중요하기까지 하다. 그러나 그것은 아무 소용이 없다. 우리가 당신들을 세속적인 상태로부터 종교적인 상태로 개종시키려 한다고 생각하지 말라. 다만 우리는 당신에게 우리가 해왔던 경험에 대해 말해 주고 싶을 뿐이다. 우리는 세상 곳곳에서 그리고 때로는 우리 자신 안에서 어떤 새로운 존재를 경험했다. 그 존재는 대개는 숨겨진 채로 그러나 때로는 분명하게 드러나는데, 특별히 그리스도라 불리는 예수 안에서 아주 분명하게 드러났다."

기독교의 어리석음

이것이 우리가 기독교 세계 바깥에 있는 모든 이들을 향해 말하는 방식이어야 합니다. 우리는 기독교 신앙에 대해, 교회의 상태에 대해, 교인이나 교리들에 대해, 제도나 사역자들에 대해, 그리고 설교나 성례전에 대해 너무 걱정할 필요가 없습니다. 그것들은 "할례"입니다. 그리고 그것의 결여, 즉 오늘날 온 세상으로 퍼져나가고 있는 세속화는 "무할례"입니다. 만약 궁극적 질문, 즉 새로운 현실에 대한 질문이 제기되지 않는다면, 그 두 가지 모두 아무것도 아니며 아무런 중요성도 없습니다.

궁극적인 것에 관한 질문은 지극히 중요합니다. 우리는 하늘과 땅 사이에 있는 그 무엇보다도 그것에 대해 더 많이 염려해야 합니다. 새로운 창조 – 그것이 우리의 궁극적 관심이자 우리의 무한한 열정이 되어야 합니다. 모든 인간의 무한한 열정이 되어야 합니다. 그것은 중요합니다. 그것만이 궁극적으로 중요합니다. 그것과 비교할 때 다른 모든 것은, 심지어 종교나 비종교, 기독교나 비기독교까지도 아무런 의미도 갖지 못하며 궁극적으로 아무것도 아닙니다.

이제 잠시 우리가 기독교인이라는 사실에 대해 자랑해 봅시다. 바울이 그의 자랑을 시작하면서 말했던 것처럼 자랑함으로써 어리석은 자가 되어 봅시다(고후 11:1). 기독교의 위대성은 그것이 자신이 얼마나 작은지 알 수 있다는 데 있습니다. 기독교인이 되는 것이 중요한 것은, 그것이 우리에게 그런 것이 전혀 중요하지 않다는 통찰을 견딜 수 있게 해주기 때문입니다. 종교적인 사람이 두려움 없이 종교의 허망함을 바라볼 수 있게 하는 것이야말로 종교의 영적 능력입니다.

기독교가 아무 소용이 없다는 사실을 이해하는 것이야말로 기독교적 이해의 가장 성숙한 열매입니다. 이것은 자랑입니다. 개인적인 자랑이 아니라 기독교에 대한 자랑입니다. 자랑 자체는 어리석은 짓입니다. 그러나 자랑할 것이 아무것도 없다는 사실에 대한 자랑은 지혜요 성숙입니다. 갖지 않음으로서의 가짐 – 이것이야말로 삶의 그리고 심지어 종교와 기독교의 모든 위대하고 놀라운 것을 향한 올바른 태도입니다. 그러나 그것은 새로운 창조를 향한 올바른 태도는 아닙니다. 그것을 향한 올바른 태도는 열정적이고 무한한 갈망입니다.

화해로서의 새로운 존재

이제 우리는 다시 묻습니다. "이 새로운 존재란 무엇인가?" 새로운 존재는 단지 낡은 존재를 대신하는 그 무엇이 아닙니다. 오히려 그것은 부패하고, 왜곡되고, 분리되고, 거의 파괴되었으나 완전히 파괴되지는 않은 낡은 것의 갱신입니다. 구원은 창조를 파괴하지 않습니다. 오히려 그것은 낡은 창조를 새로운 창조로 변화시킵니다. 그러므로 우리는 새로운 창조를 "갱신"(Re-newal)의 견지에서 말할 수 있습니다. 우리는 삼중의 Re-에 대해 말할 수 있습니다. 그것은 "화해"(Reconciliation), "재결합"(Reunion), 그리고 "부활"(Resurrection)입니다.

바울은 그의 편지에서 새로운 창조를 "화해"(Reconciliation)와 연결시킵니다. 화해의 메시지는 다음과 같습니다. "하나님과 화해하라. 그분에게 적대적이기를 그치라. 왜냐하면 그분은 결코 당신에게 적대적이시지 않기 때문이다." 화해의 메시지는 하나님에게 화해가 필요하다는 뜻이 아닙니다. 그분이 어떻게 그러실 수 있겠습니까? 그분은 화해의 근원이자 힘이십니다. 그러니 누가 자기 힘으로 그분과 화해할 수 있겠습니까?

이교도와 유대인과 기독교인들 모두가 여러 가지 의식과 성례를 통해, 기도와 봉사를 통해, 도덕적 행동과 자선 행위를 통해 그분과 화해하려고 시도해 왔고 지금도 그렇게 하고 있습니다. 그러나 만약 우리가 그렇게 시도한다면, 즉 우리가 그분께 무언가를 드리고 그분을 기쁘게 해드릴 만한 선한 행위를 보이려고 한다면, 우리는 실패합니다. 그것은 결코 충분한 것이 되지 못합니다. 우리는 결코 그분을 만족시켜 드릴 수 없습니다. 왜냐하면 우리에게 요구되는 것은 무한하기 때문입니다.

그리고 우리는 그분을 기쁘게 해드릴 수 없기에 그분을 향해 적대적이 됩니다. 당신은 선하고 정직한 사람들의 마음 깊은 곳에 그리고 자선 행위와 경건 생활과 종교적 열정에서 뛰어난 사람들의 마음 깊은 곳에 하나님을 향한 얼마나 큰 적대감이 존재하는지 눈치 챈 적이 있습니까? 이것은 그렇게 될 수밖에 없습니다. 왜냐하면 사람은 의식적으로든 무의식적으로든 자기를 거부했다고 느끼는 대상을 향해 적대적이 되기 때문입니다.

모든 사람이 이런 곤경에 처해 있습니다. 그가 자신을 거부하는 존재를 "하나님"이라 부르든, "자연"이라고 부르든, "운명"이라고 부르든, 혹은 "사회적 상황"이라고 부르든 말입니다. 우리 모두는 자신이 그 안으로 던져진 실존에 대해, 자신의 삶과 우주의 삶을 결정하는 숨겨진 힘에 대해, 그리고 우리에게 죄책감을 갖게 하고 또 죄를 지었다는 이유로 우리를 파멸시키겠다고 위협하는 존재에 대해 적대감을 갖게 됩니다. 우리 모두는 우리를 거부하는 것에 대해 자신이 거부되었다는 느낌과 더불어 적대감을 느낍니다. 우리 모두는 그것을 기쁘게 하려고 하고, 그렇게 하는 데 실패함으로써 그것에 대해 더욱 더 적대적이 됩니다.

이런 일은 종종 우리에게 인식되지 않은 채 발생합니다. 그러나 우리가 알아차리지 못할 수 없는 두 가지 징후가 있습니다. 하나는 자신에 대한 적대감이고, 다른 하나는 다른 이들을 향한 적대감입니다. 사람들은 너무나 자주 사람들 속에 있는 교만과 오만과 자기 확신과 자기 만족에 대해 말합니다. 그러나 대부분의 경우 이것은 그들의 존재의 피상적인 층에서 일어나는 일입니다. 그 밑의 보다 깊은 층에는 자기에 대한 거부와 혐오 그리고 심지어 자신의 자아에 대한 증오가 존재합니다.

하나님과 화해하십시오 – 이것은 동시에 "자신"과 화해하라는 의미입니다. 그러나 우리는 그렇게 하지 않습니다. 우리는 자신을 기쁘게 하려고 합니다. 우리는 자신을 자신이 보기에 좀더 용납될 만한 존재로 만들고자 애씁니다. 그리고 그렇게 하는 데 실패함으로써 자신에 대해 더욱더 적대적이 됩니다. 그리고 하나님께 거부되었다고 느끼는 사람과 자기 자신을 거부하는 사람은 또한 자신이 다른 사람들에게도 거부되고 있다고 느낍니다.

그가 운명에 대해 그리고 자기 자신에 대해 적대적이 됨에 따라 그는 다른 사람들에게도 적대적이 됩니다. 만약 우리가 종종 다른 사람들이 우리를 향해 드러내 보이는 무의식적이거나 의식적인 적대감으로 인해 그리고 우리가 사랑한다고 믿는 사람들을 향한 자신의 적대감으로 인해 두려움을 느낀다면, 우리는 다음과 같은 사실을 잊어서는 안 됩니다. 즉 지금 그들은 우리에게 거부되었다고 느끼고, 우리는 그들에게 거부되었다고 느끼고 있는 것입니다. 그들은 자신들을 우리에게 용납될 만하게 만들기 위해 열심히 애썼으나 실패했습니다. 우리는 자신을 그들에게 용납될 만하게 만들기 위해 열심히 애썼으나 실패했습니다. 그리고 그들과 우리의 적대감은 커졌습니다.

하나님과 화해하십시오 — 이것은 동시에 "다른 이들"과 화해하라는 의미입니다! 그러나 이것은 당신 자신과 화해하기 위해 애쓰는 것을 의미하지 않는 것만큼이나 다른 이들과 화해하기 위해 애쓰는 것도 의미하지 않습니다. 하나님과 화해하려고 해보십시오. 그러면 당신은 실패하게 될 것입니다. 오히려 이것은 당신이 그 안에서 화해를 이룬 어떤 새로운 현실이 나타났음을 알리는 메시지입니다. 당신은 새로운 존재 안으로 들어가기 위해 무언가를 보여 주어야 할 필요가 없습니다. 그러나 비록 우리가 보여 줄만한 것을 아무것도 갖고 있지 않을지라도, 우리는 그 새로운 존재에 의해 사로잡히기 위해 자신을 열어 두어야 합니다. 화해-이것이 새로운 현실의 첫 번째 징표입니다.

재결합으로서의 새로운 존재

새로운 현실의 두 번째 징표는 "재결합"(Reunion)입니다. 새로운 창조는 서로 분리된 것들이 그 안에서 재결합되는 현실입니다. 새로운 존재는 그리스도 안에서 분명하게 드러납니다. 왜냐하면 그분 안에서는 분리가 그분과 하나님 사이의, 그분과 인간 사이의, 그리고 그분과 그분 자신 사이의 일치를 넘어서지 못하기 때문입니다. 이것은 복음서에 실려 있는 그분에 대한 서술들에 압도적이면서도 고갈되지 않는 힘을 부여합니다. 그분 안에서 우리는 그를 분리 상태로 몰아가는 모든 것에도 불구하고 결합을 유지했던 한 인간의 삶을 봅니다. 그분은 논박의 여지가 없을 만큼 분명하게 결합의 능력을 대표하고 또 중재하십니다.

새로운 현실이 나타나는 곳에서 인간은 자신이 하나님 곧 인간의 실존의 근거이자 의미이신 분과 결합됨을 느낍니다. 그곳에서 인간은 "자신의 운명에 대한 사랑"이라고 불려왔던 것 그리고 오늘날 우리가 "자신의 불안을 스스로 짊어지려는 용기"라고 부르는 것을 갖게 됩니다. 또 그런 곳에서 인간은 교만과 잘못된 자기만족 안에서가 아니라 깊은 자기용납 안에서 자신과의 재결합을 느끼는 놀라운 경험을 하게 됩니다.

그럴 때 인간은 자신의 자아를 영원히 중요하고, 영원히 사랑받고, 영원히 용납되는 무언가로서 받아들입니다. 자신에 대한 혐오와 증오가 사라집니다. 삶을 위한 중심과 방향과 의미가 나타납니다. 육체적이건 정신적이건 모든 치유는 인간의 자아와 자아 사이의 이런 재결합을 이룹니다. 참된 치유가 있는 곳에는 새로운 존재와 새로운 창조가 있습니다. 그러나 참된 치유는 육체나 정신의 일부가 전체와 재결합하는 곳이 아니라, 전체 자체, 우리의 전 존재, 그리고 우리의 전 인격이 그 자신과 재결합하는 곳에서 나타납니다.

새로운 창조는 치유하는 창조입니다. 왜냐하면 그것은 자신과의 재결합을 이루기 때문입니다. 또 그것은 다른 이들과의 재결합을 이룹니다. 낡은 존재의 특징들 중 인간과 인간의 분리보다 더 큰 것은 없습니다. 인간에게 사회적 치유보다 또 역사와 인간관계 안에서의 새로운 존재보다 더 절실하게 요구되는 것은 아무것도 없습니다.

종교와 기독교는 인간의 역사 속으로 재결합을 가져오지 못했다는 강력한 비난을 받아 왔습니다. 그 누가 이런 도전의 진실성을 무시할 수 있겠습니까? 그럼에도 인간은 여전히 살고 있습니다. 그리고 만약 분리의 힘이 재결합, 치유, 그리고 새로운 창조의 힘에 의해 영원히 정복되지 않는다면, 우리는 더 이상 살아갈 수 없을 것입니다. 우리가 인간의 얼굴을 가진 자에게 인간으로 인정받는 곳에서는, 비록 개인적인 혐오감이나 인종적인 낯섦이나 국가적인 분쟁이나 성별·연령·아름다움·능력·지식에서의 차이나 기타 헤아릴 수 없을 만큼 많은 모든 분리의 원인들을 극복해야 할지라도, 새로운 창조가 발생합니다!

인간은 이런 일이 거듭해서 발생하기 때문에 살아갑니다. 그리고 만약 하나님의 총회인 교회가 어떤 궁극적 의미를 갖고 있다면, 그 의미는 분명합니다. 즉 그곳에서 비록 부분적이고 약하고 왜곡된 형태이기는 하지만 인간과 인간의 재결합이 선포되고 고백되고 실현된다는 것입니다. 교회는 인간과 인간의 재결합이 현실적인 사건이 되는 곳입니다. 비록 "하나님의 교회"가 "기독교인들의 교회"에 의해 영원히 배반을 당할지라도 말입니다. 그러나 그렇게 배반과 추방을 당할지라도 새로운 창조는 그것을 배반하고 추방하는 것들을, 즉 교회와 인간과 역사를 구속하고 보존합니다.

부활로서의 새로운 존재

교회는 그 모든 구성원들과 마찬가지로 새로운 존재에서 옛 존재로 퇴락합니다. 그러므로 새로운 창조의 세 번째 징표는 "부활"(Resurrection)입니다. "부활"이라는 단어는 많은 이들에게 죽은 육체가 무덤을 떠나는 것이나 기타 환상적인 이미지들과 관련된 것으로 간주됩니다. 그러나 부활은 새로운 상태의 승리 그리고 옛 존재의 죽음으로부터 새로운 존재의 탄생을 의미합니다. 부활은 먼 미래에 발생할지도 모를 어떤 사건이 아니라, 지금 여기에서 그리고 오늘과 내일 죽음으로부터 생명을 창조하는 새로운 존재의 능력입니다.

새로운 존재가 있는 곳에는 부활, 즉 시간의 모든 순간으로부터 영원으로의 창조가 존재합니다. 옛 존재는 분열과 죽음의 징표를 갖고 있습니다. 새로운 존재는 옛 존재 위에 새로운 징표를 입힙니다. 분열과 죽음으로부터 영원한 의미를 지닌 무언가가 탄생합니다. 분해되어 사라진 것이 새로운 창조 안에서 출현합니다. 부활은 지금 발생하거나, 전혀 발생하지 않습니다. 그것은 우리 안에서 그리고 우리 주변에서, 영혼과 역사 안에서, 그리고 자연과 우주 안에서 발생합니다.

화해, 재결합, 부활 – 바로 이것이 새로운 창조, 새로운 존재, 그리고 새로운 상태입니다. 우리는 그것에 참여하고 있습니까? 기독교의 메시지는 "기독교"가 아니라 "새로운 현실"입니다. 새로운 상태가 나타났고, 지금도 나타나고 있습니다. 그것은 숨겨져 있으나 보입니다. 그것은 이곳에 그리고 저곳에 있습니다. 그것을 받아들이고, 그 속으로 들어가고, 그것이 당신을 사로잡게 하십시오.

3
사랑의 힘

31인자가 자기 영광으로 모든 천사와 함께 올 때에 자기 영광의 보좌에 앉으리니 32모든 민족을 그 앞에 모으고 각각 구분하기를 목자가 양과 염소를 구분하는 것 같이 하여 33양은 그 오른편에 염소는 왼편에 두리라 34그 때에 임금이 그 오른편에 있는 자들에게 이르시되 내 아버지께 복 받을 자들이여 나아와 창세로부터 너희를 위하여 예비된 나라를 상속받으라 35내가 주릴 때에 너희가 먹을 것을 주었고 목마를 때에 마시게 하였고 나그네 되었을 때에 영접하였고 36헐벗었을 때에 옷을 입혔고 병들었을 때에 돌보았고 옥에 갇혔을 때에 와서 보았느니라 37이에 의인들이 대답하여 이르되 주여 우리가 어느 때에 주께서 주리신 것을 보고 음식을 대접하였으며 목마르신 것을 보고 마시게 하였나이까 38어느 때에 나그네 되신 것을 보고 영접하였으며 헐벗으신 것을 보고 옷 입혔나이까 39어느 때에 병드신 것이나 옥에 갇히신 것을 보고 가서 뵈었나이까 하리니 40임금이 대답하여 이르시되 내가 진실로 너희에게 이르노니 너희가 여기 내 형제 중에 지극히 작은 자 하나에게 한 것이 곧 내게 한 것이니라 하시고

마태복음 25:31-40

16하나님이 우리를 사랑하시는 사랑을 우리가 알고 믿었노니 하나님은 사랑이시라 사랑 안에 거하는 자는 하나님 안에 거하고 하나님도 그의 안에 거하시느니라

요한1서 4:16

34새 계명을 너희에게 주노니 서로 사랑하라 내가 너희를 사랑한 것 같이 너희도 서로 사랑하라 35너희가 서로 사랑하면 이로써 모든 사람이 너희가 내 제자인 줄 알리라

요한복음 13:34-35

2천 년의 세월이 흐른 지금 우리는 여전히 "하나님은 사랑이시라"(요일 4:16)는 말의 의미를 이해할 수 있습니까?

요한1서 기자는 확실히 자신이 무슨 말을 하는지 알고 있었습니다. 왜냐하면 그는 다음과 같은 결론을 내리고 있기 때문입니다. "사랑 안에 거하는 자는 하나님 안에 거하고 하나님도 그의 안에 거하시느니라." 하나님이 우리를 자신의 거처로 삼으시면서 우리 안에 거하시는 것은 우리가 사랑 안에 거하고 사랑을 우리의 거처로 삼는 것과 같습니다.

하나님과 사랑은 두 개의 서로 다른 실재가 아니라 하나입니다. 하나님의 존재는 사랑의 존재이며, 하나님의 무한한 존재의 힘은 무한한 사랑의 힘입니다. 그러므로 누군가 하나님께 대한 헌신을 고백할 경우, 만약 그가 사랑 안에 거한다면, 그는 하나님 안에 거하는 것일 수 있습니다. 그러나 만약 그가 사랑 안에 거하지 않는다면, 그는 하나님 안에 거하지 않는 것일 수 있습니다. 그리고 설령 누군가가 하나님에 대해 말하지 않을지라도, 만약 그가 사랑 안에 거한다면, 그는 하나님 안에 거하는 것일 수 있습니다.

그리고 사랑으로서의 하나님의 현현은 예수 그리스도 안에서의 현현이므로, 예수님은 자기를 알지 못하는 사람들 중 많은 이들이 자기에게 속해 있으며, 자신에 대한 충성을 고백하는 사람들 중 많은 이들이 자기에게 속해 있지 않다고 말씀하실 수 있었습니다(마 25:31-40). 유일하게 궁극적인 기준은 "사랑"입니다. 왜냐하면 하나님은 사랑이시고, 하나님의 사랑은 십자가에 달리신 그리스도 안에서 양양(揚揚)하게 드러나기 때문입니다.

사랑이신 하나님

몇 해 전에 죽은 한 여인의 이야기를 들려 드리겠습니다. 비록 그녀는 하나님의 이름을 입에 올린 적이 거의 없지만, 또 만약 누군가 그녀에게 하나님은 사랑이시고 사랑만이 그분의 심판의 유일한 기준이므로 그녀가 모든 사람을 심판하시는 분에게 속해 있다고 말했다면 그녀는 깜짝 놀랐겠지만, 그녀의 삶은 사랑이신 하나님 안에 거하며 보낸 삶이었습니다.

전(前) 러시아 주재 스웨덴 대사의 딸이었던 그녀의 이름은 엘사 브랜드스트룀(Elsa Brandström)입니다. 그러나 제1차 세계대전 기간 중 수많은 전쟁 포로들의 입술과 마음에 담겨 있던 그녀의 이름은 "시베리아의 천사"(Angel of Siberia)였습니다. 그녀는 인류 역사상 가장 어둡고, 가장 파괴적이고, 가장 잔인한 시기에조차 사랑이 존재의 궁극적 힘이라는 진리를 보여 주었던 논박할 여지가 없는 산 증인이었습니다.

제1차 세계대전 초기의 어느 날, 스물네 살의 엘사는 쌍뜨 뻬떼르브르크에 있는 스웨덴 대사관의 창밖을 바라보다가 독일군 전쟁포로들이 차에 실려 시베리아로 유배되는 모습을 보았습니다. 그때부터 그녀는 더 이상 외교관 가족의 호화로운 삶 — 그때까지 그녀는 그런 삶의 아름답고도 활력적인 중심이었습니다 — 을 견딜 수가 없었습니다.

엘사는 간호사가 되어 포로수용소들을 방문하기 시작했습니다. 그곳에서 그녀는 말로 표현할 수 없을 만큼 무서운 광경들을 보았습니다. 그리고 스물네 살의 처녀였던 그녀는 거의 혼자의 힘으로 그런 잔인함과 맞서서 사랑의 싸움을 시작했습니다. 그리고 그 싸움에서 이겼습니다. 그녀는 당국자들의 저항과 의심에 맞서 싸워야 했고, 그 싸움에서 이겼습니다. 그녀는 교도관들의 야만성 및 무법성과 맞서 싸워야 했고, 그 싸움에서 이겼습니다. 그녀는 추위와 굶주림과 질병과 맞서서 또 저개발국가의 상황 및 파괴적인 전쟁이라는 상황과 맞서서 싸워야 했고, 그 싸움에서 이겼습니다.

사랑은 그녀에게 순진함과 더불어 지혜를, 그리고 통찰과 더불어 용기를 주었습니다. 그녀가 모습을 드러내는 모든 곳에서 절망이 극복되었고 슬픔이 치유되었습니다. 그녀는 굶주리는 자들을 방문해 그들에게 먹을 것을 주었습니다. 그녀는 목말라하는 자들을 방문해 그들에게 마실 것을 주었습니다. 그녀는 낯선 이들을 환영했고, 벗은 자들을 입혔고, 병든 자들을 치료해 주었습니다. 그녀 자신이 병에 걸리고 감옥에 갇히기도 했습니다. 그러나 하나님이 그녀 안에 거하고 계셨습니다. 저항할 수 없는 사랑의 힘이 그녀와 함께 있었습니다. 그리고 그녀는 계속해서 그 힘에 의해 내몰렸습니다. 전쟁이 끝난 후 그녀는 독일과 러시아 전쟁포로들의 고아들을 위해 큰일을 시작했습니다. 엘사가 그 어린아이들에게 둘러싸여 있는 모습은 ─ 그녀는 그들에게 유일하게 그리고 영원토록 빛나는 태양과도 같았습니다 ─ 틀림없이 여러 사람들에게 분명한 종교적 표현이 되었을 것입니다. 나치가 출현하자 그녀와 그녀의 남편은 독일을 떠나 이 나라(미국─역주)로 와야 했습니다. 이곳에서 그녀는 유럽의 수많은 피난민들을 돕는 일을 했습니다.

나는 10여 년 동안 그녀의 사랑이 뿜어내는 창조적인 능력을 가까이서 지켜볼 수 있었습니다. 나는 그녀와 신학적인 대화를 나눈 적이 없습니다. 그런 일은 불필요했습니다. 그녀는 매순간 하나님을 분명하게 드러내보였습니다. 사랑이신 하나님이 그녀 안에 거하고 계셨고, 그녀는 그분 안에 거하고 있었기 때문입니다. 그녀는 수많은 이들에게서 그녀 자신을 향한, 또한 그녀가 투명하게 드러내 보였던 존재, 즉 사랑이신 하나님을 향한 사랑을 불러일으켰습니다.

그녀는 임종하는 자리에서 스웨덴 국왕과 백성들이 보낸 사절들을 맞이했습니다. 유럽 전역의 수많은 사람들을 대표해서 찾아왔던 그 사절들은 그녀에게 그녀를 통해 삶의 의미를 되찾은 이들이 그녀를 결코 잊지 않을 것이라고 말해 주었습니다.

세상을 살아가는 동안 누군가의 삶속에서 사랑 — 그것은 하나님을 의미합니다 — 이 그렇게 압도적으로 드러나는 모습을 지켜보는 것은 정말 드문 은총입니다. 사랑은 경건한 고립은 물론이고 신학적 오만함까지도 무너뜨립니다. 사랑은 정의 이상이며 믿음과 소망보다도 위대합니다. 사랑은 하나님 자신의 현존입니다. 왜냐하면 하나님은 사랑이시기 때문입니다. 그리고 모든 참된 사랑의 순간에 우리는 하나님 안에 거하고 하나님은 우리 안에 거하십니다.

4

황금률

12어느 때나 하나님을 본 사람이 없으되 만일 우리가 서로 사랑하면 하나님이 우리 안에 거하시고 그의 사랑이 우리 안에 온전히 이루어지느니라 … 16하나님은 사랑이시라 사랑 안에 거하는 자는 하나님 안에 거하고 하나님도 그의 안에 거하시느니라

요한1서 4:12, 16

12그러므로 무엇이든지 남에게 대접을 받고자 하는 대로 너희도 남을 대접하라 이것이 율법이요 선지자니라

마태복음 7:12

최근에 나는 사랑과 정의의 관계에 대해 생각해 볼 일이

있었습니다. 그리고 예수님의 말씀 중에 "황금률"(Golden Rule)이라고 불리는 진술이 있다는 것을 떠올렸습니다. 황금률은, 비록 대개는 다음과 같은 부정적 형태로이기는 하지만, 유대인과 그리스인들에게 아주 잘 알려져 있습니다. "사람들이 너에게 하기를 바라지 않는 일을 그들에게 하지 말라."

확실히 보다 긍정적인 형태의 황금률(마 7:12 – 역주)이 그 의미에 있어서 더 풍부하고 사랑과 보다 가깝습니다. 그럼에도 그것은 "사랑"이 아닙니다. 그것은 "계산적인 정의"(calculating justice)입니다. 그렇다면 그것이 어떻게 사랑과 관계가 있을까요? 그것이 어떻게 하나님 나라의 메시지와 그것이 나타나는 산상수훈에서 표현된 하나님 나라의 정의에 적합할 수 있을까요?

계산적인 정의

우리의 삶의 어느 평범한 날에 대해 그리고 황금률을 적용하기 위한 경우들에 대해 생각해 봅시다. 우리는 아침에 다른 사람들을 만나면 그들에게서 친절한 얼굴과 인사를 기대합니다. 그리고 비록 우리의 마음이 그날 해결해야 할 일에 대한 근심어린 생각들로 가득 차 있을지라도, 우리는 그들에게 친절한 얼굴과 인사를 전할 준비가 되어 있습니다. 누군가 우리의 제한된 시간의 일부를 원할 경우 우리는 자신이 다른 누군가에게 그의 시간의 일부를 할애해 달라고 요청해 본 적이 있기에 그에게 우리의 시간의 일부를 할애합니다. 우리에게는 도움이 필요하고, 만약 누군가로부터 도와달라는 요청을 받는다면, 비록 그것에 희생이 따를지라도 도움을 제공합니다. 우리는 다른 이들이 설령 그것이 자신들에게 상처가 되더라도 우리에게 솔직할 것을 기대하면서 그들에게 솔직해지려 합니다. 우리는 우리와 맞서 싸우는 사람들이 우리에게 공정할 것을 기대하면서 그들에게 공정하려 합니다. 우리는 우리의 이웃들이 우리의 슬픔에 참여하리라고 확신하면서 그들의 슬픔에 참여합니다.

이 모든 일이 하루 동안에 일어날 수 있습니다. 이 모든 것이 황금률입니다. 그리고 만약 누군가 의식적으로든 무의식적으로든 이 법을 어길 경우, 우리는 우리가 용서 받을 것을 희망하면서 기꺼이 그를 용서하려고 할 것입니다.

많은 이들에게 황금률이 기독교의 참된 내용이라고 간주되는 것은 놀랄 일이 아닙니다. 황금률의 이름으로 비판이 억제되고, 독립적인 행동이 제어되고, 심각한 문제들이 회피되는 것도 놀랄 일이 아닙니다. 정치인들이 다른 나라를 향해 자기

네 나라에 황금률을 따라서 행동해 줄 것을 요구하는 것은 이해할 만한 일입니다. 그리고 예수님 자신이 황금률이야말로 "율법이요 선지자니라"고 말씀하시지 않았습니까?

계산적인 정의를 넘어서

그러나 우리는 이것이 신약성경의 대답이 아니라는 것을 알고 있습니다. 예수님이 반복해 말씀하시는 위대한 명령과 "하나님은 사랑이시라"는 바울과 요한의 놀라운 선언 속에 담겨 있는 사랑에 대한 서술은 황금률을 무한히 초월합니다. 그것은 초월되어야 합니다. 왜냐하면 그것은 우리가 사람들이 우리에게 무엇을 해주기를 바라야 하는지에 대해 말해 주지 않기 때문입니다.

우리는 무거운 의무에서 자유롭게 되기를 바랍니다. 우리는 다른 이들에게 동일한 자유를 제공할 준비가 되어 있습니다. 그러나 우리를 사랑하는 누군가는 우리에게 그런 자유를 주기를 거부하고, 그 자신도 우리에게 그런 자유를 구하려 하지 않습니다. 그리고 만약 그가 그것을 구할지라도, 우리는 그에게 그런 자유를 주지 말아야 합니다. 왜냐하면 그것은 우리의 성장을 방해하고 사랑의 법을 해치게 될 것이기 때문입니다. 우리는 우리를 안전하고 독립적으로 만들어 주는 재물을 얻기를 바라며, 만약 우리에게 재물이 있다면, 우리에게 그것을 구하는 친구에게 그것을 줄 준비가 되어 있습니다. 그러나 그 두 가지 경우 모두에서 사랑이 침해 받을 수 있습니다. 왜냐하면 선물은 우리와 그를 모두 파괴할 것이기 때문입니다. 우리는 용서 받기를 원하며 동일한 것을 할 준비가 되어 있습니다. 그러나 아마도 그런 경우 모두에서 그것은 개인적인 문제의 심각성으로부터의 도피이자, 따라서 사랑에 반하는 것이 될 수 있습니다.

우리가 사람들에게 무엇을 해야 할지에 대한 기준이 그들이 우리에게 해줄 일에 대한 우리의 기대가 되어서는 안 됩니다. 왜냐하면 우리의 기대는 우리의 옳은 생각뿐 아니라 우리의 잘못된 생각을, 그리고 우리의 지혜보다는 우리의 어리석음을 더 많이 드러내기 때문입니다. 이것이 황금률의 한계입니다. 이것이 계산적인 정의의 한계입니다. 황금률은 자기가 바라야 할 것을 알고 실제로 그것을 바라는 사람에게만 궁극적으로 유효합니다.

오직 사랑만이 계산적인 정의를 "창조적인 정의"(creative justice)로 변화시킬 수 있습니다. 사랑은 정의를 정당한 것으로 만듭니다. 사랑이 없는 정의는 언제나 부정의입니다. 왜냐하면 그것은 다른 이에게, 자신에게, 그리고 우리가 서로 만나는 상황에 대해 정의를 행하지 않기 때문입니다. 왜냐하면 이 순간 이 장소에 있는 다른 이와 나 그리고 우리 모두는 독특하고도 반복될 수 없는 사람들이며, 결합하는 사랑이라는 독특하고도 반복될 수 없는 행동을 요구하기 때문입니다.

만약 이런 요구가 경청하는 사랑의 귀를 가진 자들에게 들리지 않는다면, 만약 그것이 창조적 사랑이라는 재능을 가진 자들에 의해 복종되지 않는다면, 부정의가 수행됩니다. 그리고 이것은 자신에게도 해당됩니다. 사랑하는 사람은 자신의 가장 깊은 내면의 요구에 귀를 기울이고, 그 요구에 복종하며, 자신에게 정의를 행합니다.

사랑은 정의를 제거하지 않고 세웁니다. 사랑은 정의가 행하는 일에 무언가를 덧붙이지 않고 정의가 해야 할 일을 보여줍니다. 사랑은 황금률을 가능하게 만듭니다. 우리는 정의를 삼켜버리는 사랑에 대해 말하는 게 아닙니다. 그런 일은 혼돈과 파멸을 초래할 것입니다. 오히려 우리는 정의가 그것의 형식과 구조가 되는 사랑에 대해 말하고 있는 것입니다. 우리는 다른 이의 주장을 무엇보다도 인간으로서의 그 자신만큼이나 인정받아야 할 것으로, 또 우리 자신의 주장을 무엇보다도 인간으로서의 우리 자신만큼이나 인정받아야 할 것으로 존중하는 사랑에 대해 말하고 있는 것입니다.

적대감이나 자기혐오를 위한 덮개에 불과한 왜곡된 사랑만이 사랑이 결합시키는 것을 거부합니다. 사랑은 정의를 정당한 것으로 만듭니다. 하나님의 사랑은 계산적인 정의를 따를 경우 거부되어야 마땅한 사람을 용납하고 그의 부족함을 채우는 것을 정당화하는 사랑입니다. 불의한 사람을 의롭다고 인정하는 것이야말로 하나님의 창조적인 정의의, 또한 그분의 재결합시키는 사랑의 실현입니다.

5
치유에 관하여 (1)

1예수께서 그의 열두 제자를 부르사 더러운 귀신을 쫓아내며
모든 병과 모든 약한 것을 고치는 권능을 주시니라

마태복음 10:1

최근에 나는 독일에서 석 달을 보내고 돌아왔습니다. 내가 그곳에서 본 것은 민족 전체로서 그리고 개인으로서 병든 사람들이었습니다. 그들의 얼굴은 그들이 짊어지고 가기에는 너무 무거운 짐들과 잊어버리기에는 너무 깊은 슬픔들로 인해 일그러져 있었습니다. 그들의 얼굴이 표현하고 그들의 말이 확증하는 것은 두려운 소문들, 고통과 절망, 그들의 피 속에 내재된 불안, 그들의 정신을 어지럽히는 혼돈과 자기모순에

대한 이야기들이었습니다. 그리고 만약 당신이 그들의 모습을 좀더 깊이 들여다본다면, 당신은 그들에게서 대개는 억압되어 있으나 때로 드러나는 죄책감을 발견하게 될 것입니다. 그것은 죄책에 대한 열정적인 부인, 자기에 대한 변명과 타인에 대한 비난, 적대감과 겸손 그리고 자기 연민과 자기 증오의 혼합 아래에 숨어 있습니다.

외적으로 그 나라는 온 인류를 정치적으로뿐 아니라 영적으로도 갈라놓은 동(東)과 서(西)의 구분에 의해 분열되어 있습니다. 또 그 나라는 내적으로도 분열되어 있습니다. 오래된 적대감이 계속해서 연기를 피우고 있고, 새로운 적대감이 자라나고 있으며, 아무런 평안도 존재하지 않습니다. 그 나라는 병든 나라입니다.

그러나 나는 그 나라 안에서 건강한 사람들도 발견했습니다. 그들이 건강한 것은 그들의 얼굴에 질병이 나타나 있지 않아서가 아니라, 그들 안에 다른 그 무엇, 즉 혼란에도 불구하고 그들을 온전하게 만들고, 슬픔에도 불구하고 그들을 평온하게 만들고, 그들이 우리 모두를 위한 모범, 즉 우리에게 무슨 일이 일어날 수 있으며 일어나야 하는지에 대한 모범이 되도록 만들어 주는 건강한 힘이 있었기 때문입니다!

세상에 만연한 질병

우리에게? 그러나 우리는(미국-역주) 건강한 나라가 아닙니까? 확실히 여러분은 독일이나 다른 유럽 지역에서 지내다가 이 나라로 돌아올 때 그렇게 믿을 수 있습니다! 이 나라 사람들 대부분의 얼굴에서는 눈물이 아니라 미소가 나타납니다. 이 나라 안에는 서로에 대한 그리고 심지어 적들에 대한 자비가 존재합니다. 이 나라 사람들은 차별과 착취와 파괴적인 경쟁 같은 자신들의 단점들을 기꺼이 인정합니다. 그들은 폭군이나 정복자들이 강제한 것이나 그보다 훨씬 더 심각한 것, 즉 신문이나 라디오나 여론조사 같은 현대 민주주의의 폭군들에 의해 강요되는 것을 따라서 행동하기보다는 자발적으로 행동하는 데 익숙합니다. 참으로 건강한 나라입니다!

그러나 우리는 이 나라의 군대에서 거부된 청년들 중 40퍼센트에 이르는 이들이 정신적 문제와 부적응 때문에 그렇게 되었다는 보도를 읽습니다. 또 우리는 이 나라에는 모든 질병들 중에서도 정신병이 가장 광범위하게 퍼져 있다는 보도를 접합니다. 이것은 무엇을 의미합니까? 이것은 우리의 건강의 심각한 위험을 보여 주는 징조입니다. 이 나라의 여러 제도들의 구조 속에는 많은 사람들에게 질병을 초래하는 무언가가 존재할지도 모릅니다.

예컨대, 그것은 이 건강한 나라에서 벌어지고 있는 무제한 적이고 가차 없는 경쟁일 수 있습니다. 그것이 이 나라의 모든 이들에게서 안전감을 빼앗고 많은 이들 – 경쟁에서 실패한 사람들뿐만 아니라 가장 성공한 사람들까지 포함해 – 을 병들게 만들고 있는 것일 수 있습니다.

그로 인해 어떤 놀라운 일이 일어나고 있습니다. 우리는 여러 가지 형태의 육체적 질병과 맞서 싸워 이겼습니다. 우리는 기적이나 다름없는 효과를 내는 약들을 개발했습니다. 우리의 평균 수명은 예전의 그 어떤 기대치도 넘어설 만큼 늘어났습니다. 그러나 이 나라의 많은 이들은 그런 건강을 견디지 못합니다. 그들은 고되고 불안한 삶으로부터 도피하기 위해 질병을 택합니다. 의료가 육체적 질병으로의 도피를 더욱 어렵게 만들었기 때문에 사람들은 정신적 질병을 택합니다.

그러나 사람들은 모두 질병을, 또 그것과 관련된 고통과 불편과 위험을 싫어하지 않습니까? 물론입니다. 우리는 한편으로는 병드는 것을 좋아하지 않습니다. 그러나 다른 한편으로는, 대개는 무의식적으로 그러나 때로는 의식하면서까지, 병드는 것을 좋아합니다. 그러나 진심으로 치유되기를 원하지 않는 한 그 누구도 치유될 수 없습니다. 특별히 정신적 장애 및 질환과 관련해서는 더욱 그러합니다. 그리고 바로 그것이 이 나라에서 그런 질병이 거의 전염병처럼 퍼져나가고 있는 이유입니다. 사람들은 다른 이들이 자기들을 돌봐주어야 하는 상황 속으로, 그들이 약함을 통해 힘을 발휘하는 상황 속으로, 혹은 현실의 삶이 방해하지만 않는다면 그 안에서 살아가는 것도 괜찮은 상상의 세계를 만들 수 있는 상황 속으로 도망치고 있습니다.

이런 유혹을 과소평가하지 마십시오. 인간의 실존의 기본적인 불안정성 및 그것과 연관되어 나타나는 혹독한 불안감은 모든 곳에서 그리고 모든 사람에게서 느껴집니다. 그것은 인간의 유산이며, 우리 시대에 와서는 활력과 건강으로 가득 찬 이 나라에서조차 놀랄 만큼 증대되었습니다.

성경의 치유 이야기

우리 시대에서처럼 예수님의 시대에도 질병과 치유에 대한 많은 말들이 있었습니다. 유대인과 그리스인들은 그것에 대해 글을 썼습니다. 그들은 자기들이 병든 시대를 살아가고 있다고 느꼈습니다. 그들은 그들의 시대를 "이 세대"라고 불렀고 오늘날 우리가 우리의 시대를 묘사하는 방식과 아주 비슷한 방식으로 그 시대를 묘사했습니다. 그들은 우리 모두의 육체적 연약함, 즉 수많은 사람들이 갖고 있는 헤아릴 수 없을 만큼 많은 육체적 질병들에 대해 알았을 뿐 아니라, 또 수많은 사람들의 정신을 사로잡고 있는 파괴적인 힘들에 대해서도 알았습니다.

그들은 정신적으로 병든 사람들을 "미친 사람" 혹은 "귀신들린 자"라고 불렀고 그런 악한 영들을 추방하려고 했습니다. 또 그들은 나라들이 병들 수 있다는 것과 특정한 사회 계급의 질병이 그 계급에 속한 모든 개인들에게 영향을 줄 수 있다는 것도 알고 있었습니다. 심지어 그들은 인간의 경계선을 넘어서 자연에 대해서도 살펴보았고, 환상적인 황홀경 속에서 마치 우리가 자멸적인 원자력의 첫 번째 충격을 받았을 때 그랬던 것처럼 그들의 세상이 낡고 병들어 가고 있다고 말했습니다.

병든 시대에 대한 이런 인식으로부터 새 시대, 즉 건강하고 온전한 현실에 대한 질문이 제기되었습니다. 사람들은 구원과 구주를 기대했습니다. 그러나 구원은 치유입니다. 그리고 구주는 치유자입니다. 그렇기에 예수님은 자신이 구주인지에 대한 세례자 요한의 근심어린 질문에 대해 자신의 치유능력을 가리킴으로써 대답하십니다. 그분의 말씀은 이렇습니다. "만약 내가 귀머거리와 맹인을 치유할 수 있다면, 만약 내가 정신적으로 병든 자를 해방시킬 수 있다면, 그때는 새로운 현실이 너희에게 임한 것이다!"(마 11:5; 눅 7:22 참고).

복음서에는 여러 가지 치유 이야기들이 나옵니다. 그것들은 학자와 설교자와 교사들에게 걸림돌이 됩니다. 왜냐하면 그들은 그것들을 우리에게 "현재의 치유 이야기"(healing stories of the present)가 아니라 "과거의 기적 이야기"(miracle stories of the past)를 들려주는 것으로 여기기 때문입니다. 하지만 그 이야기들은 현재의 치유 이야기를 전하기 위해 존재합니다. 그 이야기들은 인간의 상황, 즉 육체적 질병과 정신적 질병, 질병과 죄책, 그리고 치유를 얻고자 하는 바람과 치유를 얻는 것에 대한 두려움 사이의 관계를 보여 줍니다. 인간의 본성에 대한 현대의 가장 심원한 통찰들 중 많은 것들이 이런 이야기들에서 예기(豫期)되고 있는 것은 놀랍습니다.

그 이야기들은 사람이 건강하게 되는 것은 육체적·정신적 기능에 있어서 온전해지고 재결합되는 것임을 알고 있습니다. 그 이야기들은 정신적으로 병든 자들이 치유의 과정을 두려워하는 것은 그 과정이 그들을 그들의 신경증적 자기격리의 세계 — 그곳은 제한되어 있기는 하나 안전합니다 — 바깥으로 내몰기 때문이라는 것을 알려 줍니다. 그 이야기들은 마음의 치유가 육체와 영혼의 발작이 뒤따르는 어렵고도 고통스러운 과정이라는 것을 알려 줍니다. 그 이야기들은 죄책과 질병의 관계에 대해, 또 우리의 양심의 해결되지 않은 갈등이 우리를 소위 질병이라고 불리는 육체와 영혼의 분열로 몰아가는 방식에 대해 이야기합니다.

치유와 신앙

우리는 이런 사실을 아시는 예수님이 중풍병자에게 먼저 그의 죄의 용서를 선언하신 후에야 그의 건강이 회복되었음을 선언하시는 것에 대한 이야기를 듣습니다(마 9:1-8). 그 사람은 자기 자신 및 자신의 죄책감과 더불어 내적인 싸움을 하면서 살아가고 있었습니다. 그의 병은 이런 갈등으로부터 나왔던 것입니다. 그리고 예수님이 그에게 죄의 용서를 선포하시자 그는 자신이 자신과 또 세상과 화해되었음을 느낍니다. 그는 온전하고 건강하게 됩니다. 현대의 심층 심리학에는 진리와 깊이에 있어서 이런 통찰을 능가할 수 있는 것이 거의 없습니다.

이런 이야기들은 또한 치유를 가능하게 만드는 태도에 대해 묘사합니다. 그 이야기들은 그것을 "신앙"(faith)이라고 부릅니다. 물론 여기에서 신앙은 아무 증거도 없는 주장에 대한 믿음을 의미하지 않습니다. 참된 종교에서 신앙은 그런 것을 의미한 적이 없습니다. 그리고 그것은 그런 의미로 악용되어서도 안 됩니다.

오히려 신앙은 우리가 자기보다 큰 힘, 즉 우리를 흔들고 전복시키고 변화시키고 치유하는 힘에 사로잡히는 것을 의미합니다. 그런 힘에 순복(順服)하는 것이 신앙입니다. 예수님이 치유하실 수 있었고 치유하실 수 있는 이들은 그분 안에 있는 치유하는 힘에 순복했던 그리고 순복하는 사람들입니다.

그들은 자기를 포기합니다. 분열되고, 자신과 모순되고, 자신을 미워하고, 그로 인해 다른 모든 사람들에 대해 적대적이고, 삶을 두려워하고, 죄책감에 짓눌리고, 자기를 비난하며 변명하고, 다른 사람들을 피해 외로움 속으로 도망치고, 자신을 피해 다른 이들에게로 도망치고, 최종적으로 실존의 위협으로부터 정신적·육체적 질병이라는 고통스럽고 기만적인 안전함 속으로 도피하는 자기를 말입니다. 예수님께 치유를 얻은 이들은 그렇게 예수님께 순복했습니다. 그리고 우리는 이런 순복을 "신앙"이라고 부릅니다.

그러나 그분은, 좋은 조력자들이 마땅히 그렇게 해야 하듯이, 그들을 자신에게 붙들어 두시지 않습니다. 그분은 그들을 그들 자신에게 돌려보내십니다 - 치유되고 온전해진 새로운 피조물로서 말입니다. 그리고 그분이 죽으셨을 때 그분은 여러 가지 불안과 불일치와 연약함과 죄책에도 불구하고 자신들이 치유되었으며 자기들 안에 있는 치유의 능력이 온 세상의 개인들과 나라들을 정복하기에 충분할 만큼 크다고 확신하는 한 무리의 사람들을 이 세상에 남겨 두셨습니다. 만약 우리가 그분 안에서 나타났던 새로운 현실에 사로잡힌다면, 우리는 그런 사람들에게 속해 있는 것입니다. 우리는 그분의 치유의 능력을 갖고 있는 것입니다.

치유자들

예수님은 "의사"라고 불리셨습니다. 우리가 건강을 구할 때 맨 처음 찾는 사람이 의사입니다. 그리고 그것은 좋은 일입니다. 모든 세대의 사람들이 알고 있듯이, 자연에는 치유의 능력이 있습니다. 그리고 만약 이런 능력이 널리 사용되고 솜씨 있는 도움을 받기만 한다면 여러 가지 치유가 가능해집니다. 이런 도움을 경멸하고 자신들의 의지력에만 의존하는 사람들은 자연의 파괴적인 능력과 건설적인 호의를 모두 무시하는 것입니다. 그들은 우리의 육체에는 육체의 요소들을 불일치하게 만드는 힘뿐 아니라 일치하도록 만드는 힘까지 포함되어 있다는 것을 알지 못합니다.

위대한 의사는 신체의 한 부분을 쉽사리 잘라버리거나 다른 기능을 위해 한 기능을 쉽게 억제하는 사람이 아니라, 육체의 통일성 안에서 서로 상충하는 요소들이 화해할 수 있도록 전체를 강화하는 사람입니다. 그리고 이런 일은 우리의 육체 안에서 벌어졌던 이전의 싸움의 깊은 흔적들이 우리가 살아 있는 동안 계속해서 남아 있을지라도 가능합니다.

의사는 우리를 도울 수 있고, 우리를 살아 있게 할 수 있습니다. 그러나 그가 우리를 온전하게 할 수 있을까요? 그가 우리에게 구원을 줄 수 있을까요? 확실히 그렇지 않습니다ㅡ만약 불일치, 분열, 쉬지 못함 등이 우리의 정신생활을 지배하고 있다면, 우리의 영혼 안에 아무런 일치도 존재하지 않고 그로 인해 아무런 자유도 존재하지 않는다면, 우리가 충동과 환상 그리고 혼란스러운 근심과 공격성에 사로잡힌다면, 만약 정신적 혼란이나 질병이 우리를 위협하거나 정복하고 있다면 말입니다.

다음으로 우리는 치유를 원할 경우에 친구나 상담가나 정신분석가나 정신과 의사들의 도움을 구합니다. 그리고 만약 그들이 무엇을 해야 하는지 안다면, 그들은 우리의 영혼이 갖고 있는 치유의 능력을 촉진하려고 합니다. 그들은 우리의 의지력에 호소하지 않습니다. 그들은 어떤 경향을 제거하거나 억압하려고 하지 않습니다. 오히려 그들은 화해, 즉 우리의 영혼 안에서 서로 싸우고 있는 힘들 사이의 화해를 위해 노력합니다. 그들은 우리를 있는 그대로 받아들이고 우리가 자신을 정직하고 분명하게 바라보도록, 우리가 그 아래에서 고통받고 있는 이상한 메커니즘을 깨닫고 그것을 분쇄하도록, 그러면서 우리 영혼의 참된 힘들과 다른 사람들의 영혼의 참된 힘들을 화해시키고 우리가 사유와 행동을 위한 자유를 얻도록 해줍니다.

상담가와 정신과 의사는 우리를 도울 수 있습니다. 그들은 우리를 해방시킬 수 있습니다. 그러나 그들이 우리를 온전하게 할 수 있을까요? 그들이 우리에게 구원을 제공할 수 있을까요? 확실히 그렇지 않습니다 — 만약 우리가 우리 자신의 자유를 사용할 수 없거나 우리의 실존의 비극적인 갈등에 의해 정복되어 있다면 말입니다.

우리 중 아무도 고립되어 있지 않습니다. 우리는 우리의 과거에 그리고 우리의 가족과 계급과 집단과 나라와 문화에 속해 있습니다. 그리고 그 모든 것 안에서 건강과 질병이 서로 싸우고 있습니다. 만약 문화가 그 자체 안에서 분열되어 있다면, 만약 모든 가치가 서로에 의해 부인된다면, 모든 진리가 의문시된다면, 모든 결정이 선한 동시에 악하다면, 우리가 어떻게 온전해질 수 있겠습니까?

또한 만약 우리가 그 안에서 살아가고 있는 제도가 우리 모두에게 아주 힘든 유혹과 갈등과 재앙을 만들어낸다면, 혹은 우리가 스스로 불화하고 우리에게 적대적인 사람들과 관계를 맺는다면, 그것도 자주 그리고 긴밀하게 관계를 맺는다면, 혹은 우리가 화해를 이루지 못해 병들어 있는 백성, 개인, 집단, 그리고 나라들과 더불어 살아야 한다면, 그런 우리가 어떻게 온전해질 수 있겠습니까?

온전한 치유자

이것이 우리 모두의 상황입니다. 그리고 이 상황은 우리의 개인적 삶에 좋지 않은 영향을 미치고, 우리가 도달해 있을 수도 있는 일치를 깨뜨립니다. 현실과 부닥칠 때면 우리의 영혼 안에서의 화해는 물론이고 종종 우리의 육체 안에서의 화해까지도 깨집니다.

그렇다면, 누가 그런 현실을 치유합니까? 누가 우리에게 새로운 현실을 가져다 줍니까? 누가 우리의 모든 실존 안에서 갈등하는 힘들을 화해시킵니까? 우리는 우리의 제도와 역사적 현실에 대해 가장 책임이 있는 자들, 즉 정치인들, 현명한 행정가들, 지식인들, 선한 사람들, 그리고 혁명적인 대중들을 바라봅니다. 그들 모두에게는 치유하는 능력이 있습니다. 그렇지 않다면 역사는 더 이상 존재하지 못할 것입니다. 그러니 예수님 시대의 통치자들이 사람들에게 구주와 치유자로 불렸던 것은 이해할 만한 일입니다. 그들은 세상에서의 인간의 삶을 유지시킬 수 있습니다. 그러나 그들이 우리를 온전하게 만들 수 있을까요? 그들이 우리에게 구원을 가져다 줄 수 있을까요?

그들은 그렇게 할 수 없습니다. 왜냐하면 그들 자신이 온전함이 필요하고 구원을 갈망하고 있기 때문입니다. 누가 치유자를 치유합니까? 낡은 현실 속에는 이런 물음에 대한 답이 존재하지 않습니다. 모든 사람이 그리고 모든 제도가 오염되어 있기 때문입니다. 치유자나 치유된 자나 할 것 없이 모두가 말입니다.

오직 새로운 현실만이 낡은 현실 속으로 뚫고 들어가 그것을 자신과 화해시키면서 우리를 온전하게 만들 수 있습니다. 역사 속에서 늘 활동하고 있던 이 새로운 현실이 치유자이자 구주이신 그리스도 예수 안에 있는 온전함과 능력 안에서 나타났다는 것 — 바로 그것이 인간적으로 믿을 수 없고, 황홀하기도 하고, 종종 패배하기는 하지만 결코 정복되지 않는 기독교의 신앙입니다.

우리가 예수님에 대해 그렇게 말할 수 있는 것은 그분만이 우리에게 사유와 행동을 위한 또 다른 율법을 제공하시지 않기 때문입니다. 그분은 삶에 속한 그 어떤 것도 잘라버리거나 억압하시지 않기 때문입니다. 그분은 화해의 현실이십니다. 그리고 바로 그분 안에서 우리와 우리의 실존 전체가 용납되고 재결합되는 새로운 현실이 우리에게 다가왔습니다.

물론 우리는 우리가 이런 신앙을 고백할 때조차 갈등과 질병이라는 낡은 현실이 사라지지 않았음을 알고 있습니다. 우리의 육체는 병들고 죽습니다. 우리의 영혼은 쉼을 얻지 못합니다. 우리의 세상은 여전히 개인과 집단들의 전쟁터입니다. 그럼에도 우리는 새로운 현실을 포기할 수 없습니다. 우리는, 설령 우리가 그런 사실을 알지 못한다고 할지라도, 그것에 의지해 살아갑니다. 왜냐하면 그 새로운 현실은 그분의 사역이 온전하게 하는 것이고 그분의 이름이 사랑이신 분이 갖고 계신 화해의 능력이기 때문입니다.

6
치유에 관하여 (2)

³상심한 자들을 고치시며 그들의 상처를 싸매시는도다

시편 147:3

²내 영혼아 여호와를 송축하며 그의 모든 은택을 잊지 말지어다 ³그가 네 모든 죄악을 사하시며 네 모든 병을 고치시며 ⁴네 생명을 파멸에서 속량하시고 인자와 긍휼로 관을 씌우시며

시편 103:2-4

우리는 그리스도를 어떻게 묘사합니까? 우리가 그분을 모든 시대의 위대한 기독교 화가들이 했던 것처럼 선과 색으로 묘사하든, 혹은 매주일 설교자들이 하듯이 설교를 통

해서 묘사하든, 혹은 성경신학이나 조직신학 분야의 박학한 책들을 통해 묘사하든, 혹은 우리의 마음을 다해 기도와 상상과 사랑을 통해 그려보든, 그런 것은 중요하지 않습니다. 어느 경우든 우리는 다음과 같은 질문에 대답해야 합니다. "우리는 예수 그리스도를 어떤 모습으로 묘사하는가?"

치유, 하나님 나라의 특성

마태복음에 나오는 이야기들은 이 질문에 대답하는 데 기여합니다. 그 이야기들은 그분에게 색깔과 표정과 강렬한 특색을 덧붙입니다. 그것들은 그분을 "치유자"(healer)로 묘사합니다. 그분의 본성의 이런 색깔과 그것에 대한 이런 생생한 표현, 그리고 그분의 인격의 이런 강렬한 특색이 우리 시대에 와서 점점 더 사라져가고 있다는 것은 놀라운 일입니다. 그동안은 도덕 교사의 잿빛 색깔, 사회개혁가의 긴장된 표정, 고난받는 종의 부드러운 특성 등이 우세했습니다. 적어도 우리의 화가와 신학자들 그리고 예수의 전기 작가들 사이에서는 그랬습니다. 그러나 아마도 자기들을 치유해 줄 누군가를 필요로 하는 사람들의 마음에서는 그렇지 않았을 것입니다.

확실히 복음서들은 예수님에 대한 묘사에서 이런 치유의 능력이 사라지게 한 데 대해 책임이 없습니다. 복음서들은 치유 이야기들로 가득 차 있습니다. 오히려 그 책임은 우리에게, 즉 구주는 치유자, 다시 말해, 몸과 마음의 상처와 비정상성을 온전하고 정상적인 것으로 만드시는 분을 의미한다는 사실을 망각한 사역자와 평신도와 신학자들에게 있습니다.

그분을 만났던 여인은 온전해졌고, 그분을 만났던 귀신들린 자는 정신분열로부터 해방되었습니다. 혼란에 빠지고 분열되고 쇠약해진 자들이 그분에 의해 치유를 얻었습니다. 그리고 그렇기 때문에, 다시 말해, 이런 능력이 세상에 나타났기 때문에 하나님의 나라가 우리에게 임했습니다.

바로 그것이 바리새인들이 귀신 들린 사람을 치유하시는 예수님의 능력에 대해 문제를 제기했을 때 그분이 그들에게 주셨던 대답이었습니다(마 12:22-28). 그것이 그분이 세례자 요한이 자신에 대한 의문을 극복할 수 있게 하시기 위해 주셨던 대답이었습니다(눅 7:18-23). 그것이 그분이 제자들을 이스라엘 마을로 보내시면서 그들에게 주셨던 명령이었습니다. "가면서 전파하여 말하되 천국이 가까이 왔다 하고 병든 자를 고치며 죽은 자를 살리며 나병환자를 깨끗하게 하며 귀신을 쫓아내되 너희가 거저 받았으니 거저 주라"(마 10:7-8). 그것이 제자들이 해야 할 일이었고, 예수님은 바로 그 일을 위해 제자들에게 권세와 능력을 주셨습니다. 왜냐하면 그분 안에서 하나님의 나라가 나타났고, 그 나라의 특성은 부서진 것을 온전하게 하고 병든 것을 치유하는 구원이기 때문입니다.

우리는 지금도 여전히 이런 능력을 경험할 수 있습니까? 지금 나는 그리스도의 그런 모습을 받아들이는 것에 대한 신학적 억압에 대해 이야기하는 것이 아닙니다. 그런 억압은 그다지 심각하지 않습니다. 물론 우리는 수십 년 동안 기적 이야기들에 대해 우려해 왔습니다. 그러나 오늘날 우리는 신약성경이 늘 알았던 것을 알고 있습니다. 그것은 기적 이야기들은 자연과 역사 안에 존재하는 하나님의 능력을 가리키는 징표이며, 그것들은 어떤 식으로든 자연법에 대한 부정이 아니라는 것입니다.

물론 우리는 종교적 치유를 상업적으로 그리고 다른 이기적인 목적으로 악용하는 것에 대해 혹은 그것을 마술이나 미신으로 왜곡하는 것에 대해 우려했고 지금도 우려하고 있습니다. 그러나 그런 악용은 올바른 사용이 부족할 때 일어나며, 그런 미신은 신앙이 약해졌을 때 발생합니다. 그것들은 심각한 문제가 아닙니다. 좋은 신학과 좋은 실천을 통해 그것들을 해결할 수 있기 때문입니다.

우리 자신의 치유

그러나 심각한 문제는, 언제나 그랬던 것처럼, 우리 자신의 실존의 문제입니다. 우리는 치유되었습니까? 우리는 각자가 처한 곳에서 구주 예수님에 대한 묘사가 갖고 있는 힘을 통해 치유의 능력을 받았습니까? 우리는 그 능력에 사로잡혔습니까? 또한 그 능력은 우리의 신경증적 경향, 무의식적 충동의 도전, 우리의 의식적 존재 내의 균열, 우리의 정신을 분열시키는 동시에 육체를 파괴하는 질병 등을 극복할 만큼 충분히 강력합니까?

또한 우리는 은혜의 순간에 우리의 마음 깊은 곳에 내재된 고통스러운 근심, 우리를 내몰고 채찍질하는 일을 그치지 못하는 불안, 해로운 증오심이 되어 돌아오는 정제되지 않은 갈망과 숨겨진 억압, 자신과 다른 사람 그리고 삶 자체에 대한 적대감, 그리고 숨겨진 죽음에의 의지 등을 극복했습니까?

또한 우리는 이제나저제나 은혜의 순간에 자신이 온전해지고, 파괴적인 영들이 우리를 떠나고, 심리적 강박 충동이 해소되고, 우리의 영혼 안에 있는 압제적인 메커니즘이 자유에 의해 대체되고, 모든 분열 중에서도 가장 위험한 절망 곧 죽음에 이르는 병이 치유되어 우리가 자기 파괴로부터 구원되는 경험을 해 본 적이 있습니까? 이런 일이 구주 예수님의 모습이 갖고 있는 힘으로 인해 우리에게 일어났습니까?

이것은 오늘의 모든 기독교인과 기독교계가 갖고 있는 진정한 문제, 즉 신학적으로 말하면 기독론의 문제이고, 인간적으로 말하면 삶과 죽음의 문제입니다.

그런데 지금 우리는 치유를 얻기 위해 의사, 심리요법가, 혹은 상담가들만 찾아가고 있지는 않습니까? 물론 때로 우리는 그들을 찾아가야 합니다. 하지만 또한 우리는 구주라고 불리는 그리스도 예수님의 모습 안에 있는 치유의 능력을 찾아가고 있습니까, 혹은 더 정확하게 말해 그 능력을 얻고 있습니까?

이것이 우리 앞에 제기되는 질문입니다. 그리고 이 질문에 대한 대답은 우리에게 자신이 예수님의 치유의 능력을 경험했고, 새로운 존재가 자신의 몸과 영혼을 사로잡았고, 자신이 다시 온전하고 건강하게 되었고, 구원이 자신에게 임했다고 말할 수 있는 사람들에 의해 제공됩니다. 물론 그런 일이 늘 일어나지는 않습니다. 하지만 은혜의 순간에 그리고 사람들이 완전한 온전함, 즉 만유 안에 계시는 하나님의 온전함을 예기

(豫期)하는 순간에는 그런 일이 일어납니다. 과연 우리는 이런 대답에 동참할 수 있습니까?

7
거룩한 낭비

3예수께서 베다니 나병환자 시몬의 집에서 식사하실 때에 한 여자가 매우 값진 향유 곧 순전한 나드 한 옥합을 가지고 와서 그 옥합을 깨뜨려 예수의 머리에 부으니 4어떤 사람들이 화를 내어 서로 말하되 어찌하여 이 향유를 허비하는가 5이 향유를 삼백 데나리온 이상에 팔아 가난한 자들에게 줄 수 있었겠도다 하며 그 여자를 책망하는지라 6예수께서 이르시되 가만 두라 너희가 어찌하여 그를 괴롭게 하느냐 그가 내게 좋은 일을 하였느니라 7가난한 자들은 항상 너희와 함께 있으니 아무 때라도 원하는 대로 도울 수 있거니와 나는 너희와 항상 함께 있지 아니하리라 8그는 힘을 다하여 내 몸에 향유를 부어 내 장례를 미리 준비하였느니라 9내가 진실로 너희에게 이르노니 온 천하에 어디서든지 복음이 전파되는 곳에는 이 여자가 행한 일도 말하여 그를 기억하리

라 하시니라

마가복음 14:3-9

이 이야기에 나오는 여인은 무슨 일을 했습니까? 그녀는 예수님이 "좋은 일"(6절)이라고 말씀하셨던 낭비의 한 예를 제공했습니다. 말하자면 그것은 거룩한 낭비, 즉 풍성한 마음에서 우러나오는 낭비였습니다. 그녀는 하나님과 우리의 관계에 있어서 "황홀경적 요소"(ecstatic element)를 대표하며, 반면에 제자들은 "이성적 요소"(reasonable element)를 대표합니다.

참으로 누가 이 여인이 행한 엄청난 낭비를 보고 분개했던 제자들을 비난할 수 있을까요? 아마도 가난한 자들을 돌봐야 하는 집사나 곤궁한 상태에 처한 이들을 알면서도 돕지 못하는 사회사업가나 중요한 프로젝트를 위한 기금을 모아야 하는 교회의 행정가들은 분명히 그들을 비난할 수 없을 것입니다. 정서적 삶을 잘 통제하고 있는, 또 이 여인이 했던 일을 하는 것은 바보짓이며 심지어 범죄적이라고까지 생각하는 균형 잡힌 인격을 지닌 사람들은 분명히 그들을 비난하지 않을 것입니다.

합리성을 넘어서

그러나 예수님은 달리 느끼셨고 초대교회 교인들 역시 그러했습니다. 그들은 마음의 풍족함이 없이는 그 어떤 위대한 일도 일어날 수 없다는 것을 알고 있었습니다. 그들은 합리성이라는 한계 안에 갇힌 종교는 불구가 된 종교이며, 계산적인 사랑은 전혀 사랑이 아니라는 것을 알고 있었습니다.

예수님은 그 여인이 얼마나 많은 에로스(eros)와 얼마나 많은 아가페(agape)를 따라서, 또 얼마나 많은 인간적 열정과 얼마나 많은 이해를 따라서 행동하고 있었는지 묻지 않으셨습니다. 그분은 그녀의 풍성한 마음을 보셨고 그 안에 내재된 다른 요소들에 대한 분석 없이 그 마음을 받으셨습니다.

우리가 자신과 다른 이들을 분석해야 할 경우들이 있습니다. 그리고 확실히 우리는 모든 인간적 동기가 갖고 있는 복잡성에 대해 알아야 할 필요가 있습니다. 그러나 그것이 우리가 계산되지 않은 자기포기라는 낭비를 받아들이는 것과 법과 이성의 한계 너머로까지 자신을 낭비하는 것을 가로막게 해서는 안 됩니다.

인간의 역사는 자신을 낭비했던, 또 그렇게 하기를 두려워하지 않았던 남자와 여자들의 역사입니다. 그들은 새로운 창조를 위해 자신을, 다른 이들을, 그리고 물질을 낭비하는 것을 두려워하지 않았습니다. 그들은 정당화됩니다. 왜냐하면 그들은 그 모든 것을 그들의 넉넉한 마음 때문에 낭비했기 때문입니다. 그들은 하나님이 자연과 역사 속에서 그리고 창조와 구원 역사 속에서 그렇게 하시듯 그것들을 낭비했습니다.

여호와께서 욥에게 대답하시며 지적하셨던 자연의 괴물들은 하나님의 풍성하심의 표현 외에 무엇이겠습니까? 영웅적으로 그리고 법을 무시하고 행동하시는 루터의 하나님은 자신이 만드신 것을 다시 만드시기 위해 파괴하시는 낭비적인 하나님이 아니십니까? 개신교는 성인들과 신비주의자들의 낭비적인 자기포기를 잃어버림으로써 아주 많은 것을 잃어버리지 않았습니까? 우리는 베다니의 제자들처럼 늘 합리적인 목표만을 추구하는 종교적·도덕적 실용주의의 위험에 처해 있지 않습니까?

창조적인 풍성한 마음으로부터 우러나오는, 또 "이게 무슨 소용이지" 하고 묻지 않는 거룩한 낭비 없는 그 어떤 창의성도—그것이 신적인 것이든 인간적인 것이든—존재할 수 없습니다.

포기를 통한 창조

우리는 어린 시절의 사랑의 결핍이 정신적으로 파괴적인 결과를 낳을 수 있다는 것을 알고 있습니다. 그러나 우리는 자기를 낭비하는 경험의 부족이 똑같이 위험하다는 것을 알고 있습니까? 많은 사람들이 한때 풍성한 마음을 지니고 있었습니다. 그러나 법과 인습과 엄격한 자기통제가 그런 마음을 억눌렀고 그 결과 그들의 그런 마음은 사라지고 말았습니다.

사람들은 사랑을 받지 못해서뿐만 아니라 사랑을 베풀고 자신들을 낭비하도록 허락 받지 못해서 병이 듭니다. 당신 자신과 다른 사람들 안에 있는 풍성한 마음, 자기를 포기하는 낭비, 그리고 모든 이성을 초월하는 성령을 억누르지 마십시오. 당신의 시간과 힘을 유용하고 합리적인 것만을 위해서 탐욕스럽게 보존하지 마십시오. 낭비처럼 보이는 것의 한 가운데서 나타날지도 모를 창조적인 순간을 향해 자신을 열어놓으십시오. 베다니의 그 여인이 했던 것처럼 하고자 하는 당신 내부의 충동을 억누르지 마십시오.

당신은 그 여인이 그랬던 것처럼 제자들에게 비난을 받게 될 것입니다. 그러나 예수님은 그녀의 편에 서셨고 또 당신 편에 서 계십니다. 하나님의 나라에서 큰 사람들은 대부분 그녀의 모범을 따랐습니다. 그리고 제자들, 즉 역사의 모든 시기의 합리적인 기독교인들은 그녀를 기억했듯이 당신을 기억할 것입니다.

예수님은 자신의 몸에 대한 이런 기름 부음을 자신의 죽음과 결부시키셨습니다. 사람들은 왕이 취임할 때 그에게 기름을 붓습니다. 또 죽은 자에 대한 산 자의 마지막 선물로서 죽은 자에게 기름을 붓습니다. 예수님은 전자에 대해 쉽게 말씀하실 수도 있었지만, 후자의 기름 부음에 대해 말씀하셨습니다. 그렇게 하시면서 그분은 그 여인의 황홀경과 제자들의 합리성을 다른 무언가로 바꾸셨습니다.

예수님이 하신 자신의 죽음에 대한 언급으로 인해 제자들의 합리적인 도덕은 역설이 되고 맙니다. 메시아 곧 기름 부음을 받은 자는 그리스도가 되기 위해 자신을 낭비해야만 합니다. 그리고 그 여인의 황홀한 자기포기는 그녀의 무한한 경배의 대상의 불명예스러운 죽음으로 인해 시험에 처합니다.

두 경우 모두에서 우리는 황홀한 낭비든 합리적인 섬김이든 그 모든 것보다 더 급진적이고, 더 거룩하고, 더 구원을 이루는 어떤 행위를 받아들이라는 요구를 받습니다. 십자가는 거룩한 낭비, 즉 황홀한 포기를 무시하지 않습니다. 그것은 가장 완벽하고 가장 거룩한 낭비입니다. 또한 십자가는 어떤 목적을 갖고 있는 행위, 즉 이성적인 섬김을 무시하지 않습니다. 오히려 그것은 구원의 계획안에 있는 모든 지혜의 완성입니다. 십자가의 자기 포기적인 사랑 안에서 이성과 황홀경이 그리고 도덕적 순종과 거룩한 낭비가 결합됩니다. 우리가 이성적인 섬김을 행하는 것만큼이나 자신을 낭비할 수 있는 풍성한 마음을 갖게 되기 바랍니다!

8
정사와 권세들

³⁸내가 확신하노니 사망이나 생명이나 천사들이나 권세자들이나 현재 일이나 장래 일이나 능력이나 ³⁹높음이나 깊음이나 다른 어떤 피조물이라도 우리를 우리 주 그리스도 예수 안에 있는 하나님의 사랑에서 끊을 수 없으리라

로마서 8:38-39

이 말씀은 지금까지 기록된 모든 말씀들 중에서도 가장 강력한 것에 속합니다. 이 말씀은 절망적인 상황에 처한 인간의 영혼을 능히 사로잡습니다. 내 자신의 경험에 비추어 본다면, 이 말씀은 폭발하는 포탄이나, 열린 무덤 앞에서 우는 소리나, 병자들의 한숨소리나, 죽어가는 이들의 신음소리보다

도 강력했습니다. 이 말씀은 자신에 대한 절망에 빠져 있는 이들의 자기에 대한 비난의 소리보다 강력했습니다. 또 이 말씀은 우리의 존재의 심연에서 영원히 속삭이는 근심의 소리를 압도합니다. 도대체 이 말씀을 그토록 강력하게 만드는 것은 무엇일까요?

그것이 이 말씀의 문자적 의미가 아닌 것은 분명합니다. 왜냐하면 여러 가지 측면에서 이 말씀의 의미는 우리에게 낯설기 때문입니다. 고대의 신앙에 따르면, 천사들과 권세자들, 높음과 깊음, 그리고 심지어 생명이나 사망까지도 인간과 역사의 운명을 결정하는 별자리(星座)들을 가리킵니다. 인간은 그것들의 수중에서 두려움에 쫓기고 용기를 내어 싸우면서 때로 승리하지만 더 많은 경우에 실패합니다.

바울이 말하는 인간의 곤경이 바로 그것입니다. 그는 여러 차례 그의 서신들에서 기독교의 메시지를 그리스도께서 세상을 다스리는 이런 능력들을 정복하셨다는 것으로 요약했습니다. 하지만 그가 그 메시지를 로마서에 나오는 이 아름답고도 강력한 말씀에서처럼 양양하게 확언한 곳은 달리 없습니다.

그러나 만약 이 말씀이 우리 시대에 그리고 우리의 영혼에 대해 어떤 힘을 가지려면, 비록 우리가 별과 별자리들에 대한 고대의 신앙을 공유할 수는 없을지라도, 그것들이 우리가 참이라고 느끼는 무언가를 말해 주어야 합니다. 이 말씀은 우리 모두가 그리고 역사상 모든 세대의 모든 사람들과 모든 피조물이 거기에 예속되어 있는 능력들을 열거합니다. 또 이 말씀은 우리에게 이런 능력들이 우리를 압도할 수 없으며, 그것들은 정복되었으며, 우리는 그것들에 대한 승리에 참여할 수 있다는 확신을 보여 줍니다.

인간을 지배하는 세력들

최근에 그리고 우리의 세기 전체 동안 우리의 역사적이고 개인적인 운명을 결정하는 거역할 수 없는 세력들을 느껴보지 않은 사람이 누가 있습니까? 그 세력들은 세상의 모든 나라와 개인들을 그들이 해결할 수 없는 안팎의 갈등 속으로, 오만함과 광기 속으로, 반역과 절망 속으로, 비인간성과 자기파괴 속으로 몰아갑니다.

우리들 각자는 이런 갈등에 개입해 있으며, 정도의 차이는 있지만 그런 세력들에 의해 쫓기고 있습니다. 우리들 각자의 개인적인 삶은 어떻게든 그것들에 의해 결정됩니다. 누구에게도 그 어떤 안전도 보장되어 있지 않습니다. 세상 어느 곳에 있는 그 어떤 집도, 일도, 친구도, 가족도, 국가도 안전하지 않습니다. 그 어떤 계획도 성취를 보장할 수 없습니다. 아무 위협도 받지 않는 희망은 없습니다.

이것은 인간의 역사 속에서 나타난 어떤 새로운 상태가 아닙니다. 오히려 새로운 것은 비교적 안전했던 지난 얼마 동안 우리가 세상의 참된 상태의 본질을 잊었다는 것이었습니다. 그리고 이제 우리는 모든 곳에서 다시 그런 상태를 목격하고 있습니다. 왜냐하면 갑자기 우리는 세상 모든 곳에서 그런 상태의 한가운데서 살아가게 되었기 때문입니다. 지금 우리는 운명의 힘들에 의해 내몰리면서 인간이 늘 제기해 왔던 질문을 제기하고 있습니다. "이 모든 것 뒤에는 무엇이 있을까? 이것의 의미는 무엇인가? 우리는 어떻게 그것을 견딜 수 있을까?"

섭리에 대한 신앙

기독교의 시대가 시작되기 오래 전에도 사람들은 삶과 역사의 원동력의 배후에서 작용하는 하나님의 섭리에 대해 말했습니다. 그리고 기독교의 시대에 와서는 공중의 새와 들의 백합화에 대한 예수님의 말씀과 내일 일을 걱정하지 말라는 그분의 명령이 "섭리에 대한 신앙"(faith in providence)을 강화시켰습니다(마 6:28-34 참고).

그 신앙은 기독교인들의 가장 보편적인 믿음이 되었습니다. 그것은 그들에게 위험 안에서의 용기, 슬픔 안에서의 위로, 그리고 파멸 가운데서의 소망을 제공했습니다. 그러나 지금 그런 신앙은 점점 더 그 깊이를 잃어버리고 있습니다. 그것은 "당연한 문제"(a matter-of-course)가 되었고, 바울의 말에 내포되어 있던 압도적이고 놀랍고 양양한 성격을 빼앗기고 말았습니다.

제1차 세계대전에 참전했던 독일 군인들 대부분은 모든 것을 최선의 것으로 만드시는 좋으신 하나님에 대한 일반적인 믿음을 공유하고 있었습니다. 그러나 실제로는 모든 것이 그 나라와 그 나라에 속한 거의 모든 사람들에게 최악의 것이 되고 말았습니다. 전쟁의 참호 속에서 "개인적 섭리"(personal providence)에 대한 일반적인 믿음은 점차 깨어졌고, 전쟁 발발 후 5년이 지나서는 그런 믿음은 거의 남아 있지 않게 되었습니다.

제2차 세계대전 기간과 그 이후에는 이 나라(미국 – 역주)에서도 그와 비슷한 일이 나타났습니다. 지난 10년 동안의 정치적 긴장과 두려움 가운데서 "역사적 섭리"(historical providence)에 대한 믿음 역시 깨졌습니다. 이 나라 사람들 다수가 공유했던 확신, 즉 역사 속에서 결국 모든 것이 최상의 것이 되리라는 확신은 이제 거의 사라졌습니다. 오늘날에는 그런 확신이 거의 남아 있지 않습니다.

개인적 섭리에 대한 믿음도 역사적 섭리에 대한 믿음도 그 어떤 깊이나 참된 기초를 갖고 있지 않았습니다. 이런 믿음은 "신앙의 산물"(product of faith)이 아니라 "희망적인 생각의 산물"(product of wishful thinking)에 불과했습니다.

섭리에 대한 신앙은 기독교 신앙의 일부, 그것도 기독교 신앙의 다른 부분들보다 이해하기 쉬운 일부가 아닙니다. 언젠가 어느 시골의 한 늙은 목사가 내게 말했습니다. 사람들은 하나님의 섭리는 확고하게 믿지만, 죄와 구원 그리고 그리스도와 교회 같은 기독교 신앙의 보다 고상한 내용들에 대해 낯설어한다고 말입니다. 그러나 그것은 사실이 아닙니다. 만약 그렇다면, 그들에게는 섭리의 의미 역시 낯설 것이 분명합니다. 그리고 섭리에 대한 그들의 믿음은, 그들의 다른 믿음들이 우리 세기의 폭풍 속에서 그랬던 것처럼, 부서지고 말 것입니다.

섭리에 대한 신앙은 신앙의 총체입니다. 그것은 운명의 내모는 힘에도 불구하고, 매일의 실존의 불안정성에도 불구하고, 실존의 재앙과 의미의 붕괴에도 불구하고, 자신의 삶과 삶 일반에 대해 "예"라고 말하는 용기입니다.

용기를 가로막는 권세들

바울이 본문에서 말하는 것이 바로 그런 용기입니다. 그러나 먼저 그는 우리의 그런 용기를 불가능하게 만들고자 하는 세상의 "권세들"(powers)에 대해 이야기합니다. 이런 권세들은 어떤 일을 합니까? 그것들은 우리를 하나님의 사랑에서 분리시킵니다. 이 문장은 놀랍습니다. 우리는 매일 우리의 삶을 위협하는 고통과 죽음의 위험을 지적할 수 있습니다. 확실히 바울은 그런 것들에 대해 모르지 않습니다. 그는 "환난이나 곤고나 박해나 기근이나 적신이나 위험이나 칼이랴"(롬 8:35)라고 말하면서 그것들을 열거합니다. 그러나 그는 자신이 그 모든 것들의 정복자인 양 느낍니다. 그리고 이어서 그는 다시 우리를 하나님의 사랑에서 분리시킬 수 있는 권세들에 대해 열거하기 시작합니다.

이런 권세들에는 무언가 신비로운 것이 있습니다. 그것들은 바울이 앞에서 열거했던 것들처럼 악한 이름을 갖고 있지 않습니다. 오히려 그것들 대부분은 명예로운 이름을 갖고 있습니다. "천사들", "권세자들", "생명", "높음" 등처럼 말입니다.

그렇다면 어째서 그런 것들이 가장 위협적인 것들이 될 수 있습니까? 그것은 그것들이 늘 우리의 삶의 모든 순간에 활동하고 있을 뿐 아니라 이중적인 얼굴을 갖고 있기 때문입니다. 그것들은 세상을 다스리는 권세들입니다. 그것들은 좋게든 나쁘게든 세상을 다스립니다. 그것들은 그들이 초래하는 선으로 우리를 사로잡고, 또 그들이 갖고 있는 악으로 우리를 파멸시킵니다. 바로 그것이 그것들이 명백한 악들보다도 위험한 이유입니다. 또한 바로 그것이 그것들에 대한 승리가 예수님이 그리스도이심을, 즉 그분이 세상의 새로운 상태를 가져오시는 분이심을 입증하는 궁극적인 시험이 되는 이유입니다.

천사들

이제 우리에게 낯선 것들로서가 아니라 우리의 존재를 내몰아가는 힘으로서의 그것들의 본성에 대해 살펴보도록 합시다. "천사들이나 권세자들"(angels and principalities, 여기서 '권세자들'로 번역된 principalities는 다른 곳, 즉 엡 3:10; 6:12, 고전 5:24, 골 2:15 등에서 '정사'로 번역되며 대개 '천사들'을 가리키는 말로 사용되고 있다 – 역주)이 그들 중 몇 가지의 이름입니다. 그 두 단어는 모두 어떤 동일한 실재를 가리킵니다. 그러나 그것은 천사에 대한 가장 일반적인 그림들에서 나타나는 어깨에 예쁜 날개를 단 아기들과는 아무 관계도 없습니다. 이 단어들은 영광스러운 동시에 두려운 어떤 실재, 아름다움과 파괴성으로 가득 차 있는 실재를 가리킵니다.

그러면 그런 실재란 도대체 무엇입니까? 우리는 그것을 찾아내기 위해 멀리 찾아 나설 필요가 없습니다. 그것들은 우리 모두 안에 그리고 우리의 가족과 나라와 세상 안에 존재합니다. 우리는 어떤 징표를 통해 그것들을 인식합니까? 저항할 수 없는 매력과 극복할 수 없는 근심의 혼합을 통해서입니다.

사랑

천사의 얼굴을 지닌 이런 권세자들 중 하나의 이름은 "사랑"(love)입니다. 모든 언어로 된 시(詩)들은 모든 이들의 삶을 지배하고 있는 이 권세자에 대한 찬양으로 가득 차 있습니다. 그것이 지닌 천사의 얼굴은 그림과 조각들을 통해 나타납니다. 그것이 지닌 천사의 아름다움은 음악을 통해 소리를 냅니다. 그것이 지닌 신성한 매력은 이방 신들과 여신들의 모습을 통해 드러납니다. 그리고 그와 동시에 모든 예술작품과 모든 신화들은 사랑의 천사의 비극적이고 치명적인 활동들로 가득 차 있습니다.

매혹과 두려움, 기쁨과 죄책, 창조와 파괴가 우리의 삶에 대한 이 위대한 지배자 안에서 결합됩니다. 그리고 사랑의 기쁨과 근심 모두 우리를 하나님의 사랑에서 분리시키는 경향이 있습니다. 전자는 우리를 하나님으로부터 그 자신에게 이끄는 것을 통해, 그리고 후자는 우리를 우리가 더 이상 하나님을 볼 수 없는 절망의 어두움 속으로 내던지는 것을 통해 그렇게 합니다.

힘과 지식

천사적인 동시에 악마적인 또 다른 권세는 "힘"(power)입니다. 그것은 우리가 위대한 대천사의 그림들에서 발견하는 엄격하게 남성적인 아름다움을 갖고 있습니다. 힘은 그 자체가, 마치 사랑이 강력한 권세인 것처럼, 선한 동시에 악한 위대한 천사적 존재입니다. 힘은 도시와 나라들을 세우고 지키며, 인간의 모든 사업과 모든 공동체와 모든 인간적 성취를 이루는 창조적인 에너지입니다. 힘은 자연의 정복, 나라들의 형성, 정의의 실행 등에 대해 책임이 있습니다.

힘의 강력한 동맹자는 선한 동시에 악한 또 다른 천사적 존재인데, 그 이름은 바로 "지식"(knowledge)입니다. 우리는 모두 그것들에 예속되어 있습니다. 세계사는 힘을 지닌 천사의 통치가 그 모든 영광과 그 모든 비극을 통해 가장 잘 드러나는 영역입니다. 우리 시대의 사람들에게 그것에 대해 더 많은 말을 할 필요는 없습니다. 우리는 매일 아침마다 우리의 세상을 지배하고 있는 이 통치자에 대한 소식을 듣기 때문입니다. 또 우리 모두는 우리의 국가적인 삶에서뿐 아니라 개인적인 삶에서도 그것의 창조성이 갖고 있는 천사적 매력과 그것의 파괴성이 갖고 있는 악마적 공포 두 가지 모두에 사로잡혀 있기 때문입니다.

힘이 인류 역사상 전에는 꿈도 꾸지 못했던 지식과 동맹관계를 맺을 때, 그것의 매력과 두려움은 무한히 증대됩니다. 그리고 그 두 가지 모두가 우리를 하나님의 사랑에서 분리시킵니다. 전자는 우리를 힘과 지식에 대한 숭배에로 몰아가는 것을 통해, 그리고 후자는 우리를 냉소주의와 절망에로 몰아가는 것을 통해 그렇게 합니다.

높음과 깊음

바울은 우리를 하나님의 사랑에서 분리시킬 수 있는 두 쌍의 다른 실재들에 대해 언급합니다. 하나는 "높음과 깊음"이고, 다른 하나는 "현재 일과 장래 일"입니다(38, 39절). 누구라도 아무 도움 없이도 이런 말들의 의미를 이해할 수 있습니다. 그러나 그 의미의 풍부함을 철저히 규명하여 밝히기는 어렵습니다.

"높음과 깊음"(height and depth)은 별들의 운행에서 가장 높은 점과 가장 낮은 점을 가리킵니다. 그것들은 별들이 선하게든 악하게든 가장 큰 영향력과 가장 적은 영향력을 발휘하는 지점입니다. 높음과 깊음은 삶이 그것의 활력과 성공과 능력의 측면에서 가장 강력하게 실현되는 순간과 그것이 가장 약하게 실현되는 순간 - 아마도 그것의 마지막 - 입니다. 높음과 깊음은 승리와 패배, 성취와 공허, 고양(高揚)과 낙담, 매혹과 근심의 순간입니다. 그리고 그 모든 순간들, 즉 높음의 순간과 깊음의 순간 모두가 우리를 하나님의 사랑에서 분리시키려 합니다. 전자는 그 빛을 통해, 그리고 후자는 그 어두움을 통해 우리가 하나님을 보지 못하게 만듦으로써 그렇게 합니다.

현재 일과 장래 일

"현재 일이나 장래 일"(things present and things to come). 전자는 현재가 우리에게 주는 영향을 가리킵니다. 그것은 현재의 매혹적인 힘, 즉 우리가 현재의 큰 기쁨이나 큰 고통에 사로잡혀 있을 때 과거를 돌아보거나 미래를 내다보기를 거부하는 것을 가리킵니다. 또 후자는 새로운 것에 대한 기대, 예기치 못했던 것의 기쁨, 모험에 대한 용기 등을 의미합니다.

그러나 또한 그것은 예상할 수 없는 것, 불확실한 것, 그리고 낯설고 알려지지 않은 것에 대한 두려움을 의미합니다.

사망과 생명

이 목록을 한 쌍의 가장 위협적인 능력들로 마무리해 봅시다. 바울은 이 목록을 "사망과 생명"(death and life)이라는 말로 시작했습니다. 이것들은 서로에게 속해 있습니다. 모든 생명에는 늘 죽음이 도사리고 있습니다. 죽음은 잉태의 순간부터 사멸의 순간까지 육체와 영혼 안에서 활동합니다. 그것은 우리의 삶의 마지막 순간에 그런 것만큼이나 처음 순간에도 존재합니다. 우리는 태어나는 순간부터 죽기 시작합니다. 그리고 우리의 생애 동안 그렇게 매일 계속해서 죽습니다. 성장은 죽음입니다. 왜냐하면 그것은 삶을 증대시키는 동안에도 삶의 상황을 해치기 때문입니다. 그러나 성장하지 않는 것은 즉각적인 죽음입니다. 우리 모두는 생명의 매혹과 죽음의 두려움 사이에 서 있습니다. 죽음과 생명은 우리를 하나님의 사랑에서 분리시키는 가장 큰 그리고 모든 것을 포괄하는 권세들입니다.

하나님의 사랑, 용기의 근원

지금까지 우리는 세상을 지배하고 있는, 또한 우리가 섭리에 대한 신앙을 통해 승리를 거둬야 하는 권세들에 대해 살펴보았습니다. 그렇다면 이런 섭리에 대한 신앙이란 도대체 무엇입니까? 확실히 그것은 결국 모든 것이 잘 될 거라는 믿음이 아닙니다. 그것은 모든 것이 미리 세워진 계획 - 우리가 그것을 "하나님"이라고 부르던, "자연"이라고 부르던, 혹은 "운명"이라고 부르던 - 을 따라 진행되리라는 믿음이 아닙니다.

삶은 어떤 설계자에 의해 잘 구축되어 그 자체의 힘과 법칙을 따라 움직이는 기계가 아닙니다. 개인적이고 역사적인 삶은 그 안에서 자유와 운명, 우연과 필연, 책임과 비극이 매사에 그리고 매순간에 서로 섞이는 창조적인 동시에 파괴적인 과정입니다. 이런 긴장, 모호성, 그리고 갈등이 삶을 삶으로 만듭니다. 그것들은 삶에 대한 매혹과 두려움을 만들어냅니다. 그것들은 우리를 삶에 정복되지 않은 채 그것을 받아들일 수 있는 용기라는 문제에로 이끌어갑니다. 그리고 바로 그것이 섭리의 문제입니다.

이제 "섭리"(providence)라는 말이 지니고 있는 모든 거짓된 의미들을 내버립시다. 그리고 그것이 참으로 의미하는 것을 살펴봅시다. 그것은 삶 이상의 것의 능력을 힘입어 삶을 받아들이는 "용기"(courage)를 의미합니다. 그리고 바울은 그것을 "하나님의 사랑"(39절)이라고 부릅니다.

이 사랑은 우리가 말하는 천사적인 동시에 악마적인 사랑의 특성을 초월합니다. 이 사랑은 궁극적인 결합의 능력, 즉 분리에 대한 궁극적 승리입니다. 이 사랑과의 결합을 통해 우리는 삶의 한 가운데서 삶을 초월할 수 있습니다. 그것은 우리가 이중의 얼굴을 지닌 삶의 지배자들, 그들이 제공하는 매혹과 근심, 또 그들이 제공하는 영광과 두려움을 받아들일 수 있게 해줍니다. 그것은 아무것도 우리가 우리의 모든 삶을 통해 이루고자 하는 완성에 이르는 것을 방해할 수 없다는 확신을 제공합니다. 그것은 우리의 삶이 그 안에 뿌리를 내리고 있을 뿐 아니라 또한 그 안에서 극복되는 무언가의 능력을 힘입어 우리의 삶을 받아들이는 용기입니다.

세상의 지배자들에 대한 승리

그리고 만약 당신이 그런 일이 어떻게 가능하냐고 묻는다면, 우리는 다시 바울의 찬가(讚歌)에서 두 가지 대답을 찾을 수 있습니다. 바울은 삶을 지배하는 권세들의 목록을 다음과 같은 말로 마무리합니다. "…다른 어떤 피조물이라도"(39절). 이 세상에 존재하는 권세들은 우리와 마찬가지로 "피조물"입니다. 그것들은 우리보다 나은 존재들이 아닙니다. 그것들은 제한되어 있습니다.

우리는 피조물이 아닌 분 그리고 그 어떤 피조물도 그분의 창조적인 기반을 파괴할 수 없는 분과 결합되어 있습니다. 그러므로 우리는 그것들이 우리의 삶을 파괴할 수는 있을지라도 우리의 삶의 의미를 파괴할 수는 없다는 것을 압니다. 즉 우리는, 설령 내일 역사와 우주 전체가 망한다고 할지라도, 이 세상의 그 어떤 피조물도 우리가 그것의 일부를 이루는 자연에서든 역사에서든 우리의 삶이 갖고 있는 의미를 파괴할 수는 없다고 확신합니다. 그 어떤 피조물이라도 우리를 이런 궁극적인 용기로부터 떼어놓을 수 없습니다.

정말로 아무것도 없을까요? 아마도 하나는 아닐 것인데, 그것은 바로 우리 자신입니다. 하나님과의 결합을 유지하려는 용기는 생명과 죽음까지 포함해 모든 정사 및 권세들과 굳건하게 맞섭니다. 그러나 죄책이 우리를 하나님의 사랑에서 분리시키면 그것은 넘어집니다. 그러면 우리는 죽음을 마주하지 못합니다. 왜냐하면 "죽음의 독침"(고전 15:56, 표준새번역 – 역주)은 죄이기 때문입니다. 우리는 삶을 마주하지 못합니다. 죄책이 삶을 비극적인 자기파괴 속으로 몰아가기 때문입니다. 우리는 사랑을 마주하지 못합니다. 사랑은 탐욕에 의해 부패하기 때문입니다. 우리는 힘과 마주하지 못합니다. 그것은 잔인함에 의해 부패하기 때문입니다. 우리는 과거를 기피합니다. 그것은 죄책에 의해 물들기 때문입니다. 우리는 미래를 기피합니다. 그것은 과거의 죄책의 열매들을 가져올 수도 있기 때문입니다. 우리는 현재 안에서 쉼을 얻지 못합니다. 그것은 우리를 비난하고 우리를 내쫓기 때문입니다. 우리는 높음을 견디지 못합니다. 우리는 추락을 두려워하기 때문입니다. 우리는 깊음을 견디지 못합니다. 우리는 우리의 추락에 대해 책임을 느끼기 때문입니다. 우리가 삶을 받아들이는 용기를 갖지 못하게 하는 데는 세상의 모든 지배자들보다도 불안한 양심 하나가 훨씬 더 효과적입니다.

그러므로 바울의 마지막 메시지는 다음과 같습니다. "당신의 죄의식조차 당신을 하나님의 사랑에서 분리시킬 수 없다. 왜냐하면 하나님의 사랑이란 하나님께서 자신이 용납될 만하지 못하다는 사실을 아는 사람까지도 용납하시는 것을 의미하기 때문이다."

바로 이것이 "그리스도 예수 안에 있는 하나님의 사랑"(39절)이라는 바울의 마지막 말의 의미입니다. 그분은 세상의 지배자들에 대한 승리자이십니다. 왜냐하면 그분은 우리의 마음에 대한 승리자이시기 때문입니다. 그분의 형상은 우리에게 우리의 마음, 자기에 대한 정죄, 자신에 대한 절망조차 우리를 하나님의 사랑에서, 그분과의 궁극적 결합에서, 그리고 삶을 용납하기 위한 용기의 근원이자 근거로부터 끊어낼 수 없다는 확신을 제공합니다.

제2부

자유로서의 새로운 존재

The New Being as Freedom

"해방시키는 진리의 문제를 진지하게 제기하는 사람은
이미 해방에 이르는 길 위에 서 있습니다."

9
진리가 무엇이냐?

¹⁴말씀이 육신이 되어 우리 가운데 거하시매 우리가 그의 영광을 보니 아버지의 독생자의 영광이요 은혜와 진리가 충만하더라 … ¹⁷율법은 모세로 말미암아 주어진 것이요 은혜와 진리는 예수 그리스도로 말미암아 온 것이라

요한복음 1:14, 17

⁴³어찌하여 내 말을 깨닫지 못하느냐 이는 내 말을 들을 줄 알지 못함이로다 ⁴⁴너희는 너희 아비 마귀에게서 났으니 너희 아비의 욕심대로 너희도 행하고자 하느니라 그는 처음부터 살인한 자요 진리가 그 속에 없으므로 진리에 서지 못하고 거짓을 말할 때마다 제 것으로 말하나니 이는 그가 거짓말쟁이요 거짓의 아비가 되었음이라

요한복음 8:43-44

³⁷빌라도가 이르되 그러면 네가 왕이 아니냐 예수께서 대답하시되 네 말과 같이 내가 왕이니라 내가 이를 위하여 태어났으며 이를 위하여 세상에 왔나니 곧 진리에 대하여 증언하려 함이로라 무릇 진리에 속한 자는 내 음성을 듣느니라 하신대 ³⁸빌라도가 이르되 진리가 무엇이냐 하더라

요한복음 18:37-38

⁶예수께서 이르시되 내가 곧 길이요 진리요 생명이니 나로 말미암지 않고는 아버지께로 올 자가 없느니라

요한복음 14:6

²¹진리를 따르는 자는 빛으로 오나니 이는 그 행위가 하나님 안에서 행한 것임을 나타내려 함이라 하시니라

요한복음 3:21

¹⁶내가 아버지께 구하겠으니 그가 또 다른 보혜사를 너희에게 주사 영원토록 너희와 함께 있게 하리니 ¹⁷그는 진리의 영이라 세상은 능히 그를 받지 못하나니 이는 그를 보지도 못하고 알지도 못함이라 그러나 너희는 그를 아나니 그는 너희와 함께 거하심이요 또 너희 속에 계시겠음이라

요한복음 14:16-17

¹³그러나 진리의 성령이 오시면 그가 너희를 모든 진리 가운데로 인도하시리니 그가 스스로 말하지 않고 오직 들은 것을 말하며 장래 일을 너희에게 알리시리라

요한복음 16:13

⁷사랑하는 자들아 우리가 서로 사랑하자 사랑은 하나님께 속한 것이니 사랑하는 자마다 하나님으로부터 나서 하나님을 알고 ⁸사랑하지 아니하는 자는 하나님을 알지 못하나니 이는 하나님은 사랑이심이라

요한1서 4:7-8

³¹그러므로 예수께서 자기를 믿은 유대인들에게 이르시되 너희가 내 말에 거하면 참으로 내 제자가 되고 ³²진리를 알지니 진리가 너희를 자유롭게 하리라

요한복음 8:31-32

위에 인용한 성경구절들에서 예수님은 진리(眞理)에 대해 말씀하십니다. 이런 말씀들 중 하나, 즉 그분이 진리와 자유를 결합하며 하신 "진리가 너희를 자유롭게 하리라"(요

8:32)는 말씀이 우리의 묵상의 주제가 될 것입니다.

진리의 문제는 인간의 보편적인 문제입니다. 그러나 모든 인간적인 문제들과 마찬가지로 그것은 먼저 특정한 집단 내의 특정한 곳에서 드러났습니다. 진리에 대한 열정적인 추구가 가장 두드러지게 나타났던 곳은 헬라인들의 정신에서였습니다. 그리고 요한복음서가 쓰인 곳과 그것이 대상으로 삼은 것 역시 헬라 세계였습니다.

여기에서 예수님이 하신 것으로 되어 있는 말씀들은, 고대의 관습에 따라서, 복음서 기자가 헬라인들이 추구하던 중심적인 문제 곧 진리의 문제에 대한 기독교의 대답을 보여 주기 위해 그분의 말씀처럼 꾸민 것입니다. 그리고 그 대답은 우리에게 주어진 것이기도 합니다. 왜냐하면 지금 우리들 역시 진리의 문제를 제기하고 있기 때문입니다. 우리 중 어떤 이들은 그 문제를 열정적으로 제기합니다. 그리고 때로는 헬라인들이 그랬던 것처럼 절망적으로 그렇게 합니다.

진리의 추구

종종 우리는 어릴 적부터 진리에 대한 열망에 사로잡힙니다. 내 자신은 15살 소년 시절에 나의 견신례를 집행했던 목사님 — 그분은 나의 아버지셨습니다 — 으로부터 오늘 우리가 택한 본문의 말씀들을 내 미래의 삶을 위한 지표로 받았습니다. 그때 나는 그것이 내가 추구하고 있는 것이라고 느꼈습니다. 또한 나는 그때 나와 함께 견신례를 받았던 사람들 중 나만이 진리에 대한 갈망을 지니고 있었던 게 아니었음을 기억하고 있습니다. 하지만 나는 내 자신 안에서 그리고 다른 이들 안에서 진리에 대한 그런 초기의 열정이 사춘기와 성년 시절을 보내는 동안 사라지고 말았다는 것 역시 알고 있습니다. 이런 일은 어떻게 일어나는 것입니까?

어린이가 처음으로 받아들이는 진리는 어른들 — 대개 그의 부모 — 에 의해 그에게 강제됩니다. 이것은 어쩔 수 없습니다. 그리고 아이는 그것을 받아들이지 않을 수 없습니다. 진리에 대한 열정은 논쟁의 대상이 될 수 없는 권위 — 그것은 어머니일 수도 있고, 아버지일 수도 있고, 손위의 친구들일 수도 있고, 또래집단일 수도 있고, 혹은 어떤 사회적 행태의 대표자들일 수도 있습니다 — 라는 무게를 지닌 대답들에 의해 가라앉고 맙니다.

그러나 조만간 그 어린이는 자기에게 주어진 진리에 대해 반항합니다. 그는 그런 권위들 모두를, 혹은 다른 것의 이름으로 그 중 하나를 부정합니다. 그는 부모들에게 맞서기 위해 선생님들을, 선생님들에게 맞서기 위해 또래집단을, 또래집단에 맞서기 위해 어느 한 친구를, 그리고 그 친구에 맞서기 위해 사회를 이용합니다. 이런 반항은 그가 어릴 적에 권위에 의존했던 것만큼이나 피할 수 없습니다. 권위들은 그에게 그가 의지해 살아야 할 무언가를 제공해 줍니다. 그리고 권위에 대한 반항은 그에게 그가 받아들이거나 거부하는 진리에 대해 책임을 지도록 만듭니다.

그러나 우리가 권위에 순종하든 아니면 반항하든, 우리에게, 특히 학문적 환경에 처해 있는 자들에게 진리에 이르는 새로운 길이 열리는 때가 다가옵니다. 그것은 학문적 활동이라는 길입니다. 우리는 열심히 그 길을 따릅니다. 그것은 아주 안전하고, 아주 성공적이고, 권위(權威)와 자의(自意) 모두로부터 아주 독립적인 듯 보입니다. 그것은 우리를 편견과 미신으로부터 해방시킵니다. 그것은 우리를 겸손하고 정직해지게 만듭니다. 우리가 학문적 활동 외에 다른 어디에서 진리를 추구하겠습니까?

우리 시대의 많은 이들은, 젊었건 늙었건, 무식하건 많이 배웠건, 실제적이건 과학적이건 상관없이, 이런 대답을 조금도 주저하지 않고 받아들이고 있습니다. 그들에게 학문적 진리는 진리의 총체입니다. 시는 아름다움을 제공할 수 있으나 진리를 제공하지 못합니다. 윤리는 우리가 좋은 삶을 살도록 도울 수 있으나 진리에 이르도록 돕지 못합니다. 종교는 깊은 감정을 불러일으킬 수 있으나 자신이 진리를 가졌다고 주장할 수 없습니다.

우리 시대의 많은 이들은 오직 과학만이 진리를 제공한다고 믿습니다. 과학은 우리에게 자연이 움직이는 방식에 대한, 역사의 본질에 대한, 인간 정신의 숨은 측면들에 대한 통찰을 제공합니다. 그것은 그 어떤 것에도 비교될 수 없는 기쁨을 제공합니다. 어두움 혹은 흐릿함으로부터 지식의 날카로운 빛으로의 이행(移行)을 경험해 본 사람은 언제나 과학적 진리와 이해를 찬양할 것이고, 어떤 위대한 중세 신학자들이 주장했던 것처럼, 우리가 세상을 파악하는 원리들은 우리의 영혼 안에 있는 영원하고 거룩한 빛이라고 말할 것입니다.

그러나 만약 우리가 대학에서 연구를 마친 사람들에게 그들이 그곳에서 그들의 삶에 유용한 진리를 발견했느냐고 묻는다면, 그들은 그 질문에 대답하기를 주저할 것입니다. 어떤 이들은 자기들은 오히려 그곳에서 자기들이 갖고 있던 유용한 진리마저 잃어버렸다고 말할 것입니다. 다른 이들은 어차피 삶은 진리 없이도 하루하루 흘러가는 것이니 자신들은 진리 따위에 상관하지 않는다고 말할 것입니다. 다른 이들은 자기들에게 의미 있는 진리를 느끼게 해주었던 사람이나 책 혹은 그들의 학업 밖에서 일어난 어떤 사건들에 대해 이야기할 것입니다. 그러나 그들 모두는 학문적 활동이 우리의 삶에 유용한 진리를 줄 수 없다는 데 동의할 것입니다.

진리에 대한 절망

그렇다면 우리는 다른 어느 곳에서 진리를 얻을 수 있을까요? 아무 데도 없습니다. 빌라도는 예수님과의 대화에서 그렇게 말합니다. 그는 진리에 대한 자기 자신의 그리고 그의 동시대인들의 절망을 드러내면서, 또 오늘날 학교와 연구실과 사업체와 직장에서 활동하고 있는 우리의 동시대인들의 진리에 대한 절망을 드러내면서 다음과 같이 묻습니다. "진리가 무엇이냐?"(요 18:38).

공개적이든 숨겨져 있든, 인정되고 있든 억압되고 있든, 우리 모두 안에 내재되어 있는 진리에 대한 절망은 우리에 대한 영원한 위협입니다. 우리는 빌라도와 마찬가지로 우리 시대의 아이들입니다. 우리와 그의 시대 모두 분열의 시대이며 범세계적인 가치와 의미의 상실의 시대입니다. 아무도 이런 현실로부터 완전히 벗어날 수 없으며, 아무도 그렇게 하려고 시도해서도 안 됩니다.

나는 기독교적 관점에서 볼 때 평범해 보이지 않을 일을 해보려고 합니다. 나는 빌라도를 찬양하려고 합니다. 물론 공정하지 않았던 재판관으로서의 빌라도가 아니라 냉소적이고 회의적인 사람으로서의 빌라도를 말입니다. 또 나는 우리 중 빌라도가 제기했던 질문을 여전히 제기하고 있는 모든 이들을 찬양하려고 합니다. 왜냐하면 진리에 대한 모든 진지한 의문과 절망 속에는 여전히 진리에 대한 열정이 살아 있기 때문입니다.

진리에 대한 당신의 근심을 누그러뜨리고자 하는 사람들에게 너무 빨리 넘어가지 마십시오. 참으로 당신 자신의 진리가 아닌 진리에 유혹당하지 마십시오. 설령 그 유혹자가 당신의 교회, 당신이 속한 정당, 혹은 당신의 부모들이 지켜온 전통일지라도 말입니다. 만약 당신이 예수님과 함께할 수 없다면, 빌라도와라도 함께하십시오. 그러나 아주 진지하게 그렇게 하십시오!

진리를 추구하는 부담을 피하고자 하는 유혹은 두 가지

방식으로 나타납니다. 하나는 자신이 진리를 갖고 있다고 주장하는 이들이 취하는 방식이며, 다른 하나는 진리에 무관심한 이들이 취하는 방식입니다.

첫 번째 부류의 사람들은 우리의 복음서에서 "유대인"이라고 불립니다. 그들은 아브라함에게까지 거슬러 올라가는 자신들의 전통을 가리킵니다. 그들의 조상은 아브라함입니다. 그러므로 그들은 모든 진리를 갖고 있으며, 따라서 그들이 예수님 때문에 마주해야 했던 질문들에 대해 걱정할 필요가 없습니다. 기독교인이든 세속주의자든 할 것 없이 우리 중 많은 이들이 제4복음서가 말하는 의미에서의 "유대인"입니다. 그들은 교부들, 교황들, 종교개혁가들, 혹은 미국 헌법의 제창자들에게까지 소급되는 그들의 전통을 가리킵니다. 그들의 교회나 국가는 그들의 어머니입니다. 따라서 그들은 모든 진리를 갖고 있고 진리의 문제에 대해 걱정할 필요가 없습니다.

그러나 예수님은 그들에게 그분이 유대인들에게 하셨던 말씀을 하실 것입니다. 즉 설령 교회나 국가가 그들의 어머니일지라도, 그들은 여전히 비진리의 아버지의 유산을 갖고 있으며, 따라서 그들이 갖고 있는 진리는 그들을 자유롭게 하는 진리가 아니라고 말입니다. 확실히 자신이 믿는 진리에 만족하는 자들에게는 자유가 존재하지 않습니다. 낯선 개념들과 삶의 방식들을 무지(無知)하게 그리고 광적으로 거부하는 자들에게는 자유가 존재하지 않습니다. 자신이 믿는 진리를 궁극적 진리라고 주장하는 자들에게는 자유가 아니라 마귀의 속박이 있을 뿐입니다. 왜냐하면 그것은 하나님처럼 되고자 하는 시도요, 하나님의 이름으로 이루어지는 시도이기 때문입니다.

진리의 문제를 회피하는 두 번째 방식이 있습니다. 그것은 진리에 대해 고민하지 않는 방식, 즉 무관심의 방식입니다. 이것은 예수님의 시대뿐 아니라 오늘날 대다수의 사람들이 택하고 있는 방식입니다. 그들은 자신들에게 말합니다. "삶은 진리와 절반의 진리와 거짓의 혼합일 뿐이다." 이런 혼합과 더불어 사는 것, 즉 궁극적으로 중요한 진리의 문제를 제기하지 않은 채 삶의 수많은 어려움들을 그럭저럭 헤쳐 나가는 것은 가능합니다. 그들의 삶에도 한계상황, 비극적 사건, 깊은 영적 추락, 그리고 죽음이 있을 수 있습니다. 그러나 그들은 그것들이 자신들로부터 멀리 있는 한 진리의 문제 역시 자신들로부터 멀리 있다고 여깁니다.

그렇게 해서 어떤 일반적인 태도 하나가 나타납니다. 그것은 빌라도의 회의주의(懷疑主義) — 특별히 오늘날 의심을 하더라도 크게 위험하지 않은 문제들, 가령 하나님과 그리스도 같은 문제들에서의 - 약간과, 유대인들의 독단주의(獨斷主義) - 특별히 오늘날 우리가 받아들일 것을 요구받고 있는 문제들, 가령 경제적 혹은 정치적 삶의 방식 같은 - 약간을 뒤섞은 태도입니다. 다시 말해, 그것은 얼마간의 회의주의와 얼마간의 독단주의 그리고 그 둘을 약삭빠르게 조화시키는 방식을 통해 궁극적 진리의 문제를 제기하는 부담에서 해방되는 것을 의미합니다.

진리, 교리가 아닌 실재

그러나 우리 중 담대하게 진리의 문제와 마주하려고 하는 이들은 제4복음서가 진리에 대해 하는 말에 귀를 기울여야 합니다. 먼저 우리를 놀라게 하는 첫 번째 요소는 예수님이 말씀하시는 진리가 어떤 교리가 아니라 하나의 실재, 즉 그분 자신이라는 점입니다. 그분은 말씀하십니다. "내가 곧 진리다"(I am the truth, 요 14:6).

이것은 진리의 일반적 의미에 대한 심원한 변혁입니다. 우리에게 어떤 진술들은 참되거나 거짓됩니다. 사람들은 진리를 소유하거나 소유하지 못하거나 할 수 있습니다. 그러나 어떻게 그들이 진리, 그것도 유일한 진리가 될 수 있습니까? 제4복음서가 말하는 진리는 만약 우리가 그것을 받아들이고 그것과 더불어 살아간다면 우리를 기만하지 않는 참된 실재입니다. 예수님이 "내가 곧 진리다"라고 말씀하시는 것은 자신 안에 참되고 진정한 그리고 궁극적인 실재가 현존한다는 사실에 대한 지적입니다. 혹은 다른 말로 그것은 하나님께서 예수님의 무한히 깊은 곳 안에 그리고 그분의 도달할 수 없는 신비 안에 자신의 모습을 감추거나 왜곡하시지 않은 채 현존하신다는 뜻입니다.

예수님이 진리이신 것은 그분의 가르침이 참되기 때문이 아닙니다. 오히려 그분의 가르침이 참된 것은 그 가르침이 그분 자신이신 진리를 드러내기 때문입니다. 그분은 그분의 말씀 이상의 존재이십니다. 또 그분은 그분에 대한 모든 말들 이상의 존재이십니다.

우리를 자유케 하는 진리는 예수님의 가르침이나 예수님에 대한 가르침이 아닙니다. 예수님의 가르침을 "진리"라고 불렀던 이들은 사람들을 율법의 노예가 되게 했습니다. 그리고 대부분의 사람들은 율법하에서 살아가는 것을 좋아합니다. 그들은 무엇을 생각해야 하고 무엇을 생각해서는 안 되는지에 대해 듣기를 원합니다. 그리고 그들은 예수님을 절대 오류가 없는 교사이자 새로운 율법의 수여자로 여깁니다. 그러나 아무리 예수님의 말씀이라 할지라도, 만약 그것이 율법으로 취급된다면, 그것은 우리를 자유케 하는 진리가 아닙니다. 그리고 학자들과 설교자들과 종교 교사들은 그분의 말씀을 그런 식으로 이용해서는 안 됩니다.

그분의 말씀은 삶과 사유를 위한 절대 오류가 없는 처방들의 수집물로 이용되어서는 안 됩니다. 그것들은 진리를 가리킵니다. 그러나 그것들은 진리의 율법이 아닙니다. 그분에 대한 교리 역시 해방시키는 진리가 아닙니다. 내가 여러분에게 이런 말을 하는 것은 일생 동안 그리스도이신 진리에 대한 참된 표현을 찾기 위해 애써 왔던 사람의 입장에서 하는 것입니다. 우리가 그런 표현을 찾기 위해 애를 쓰면 쓸수록, 우리는 점점 더 그것에 대한 우리의 표현들이 — 우리가 스승들로부터 그리고 모든 세대의 교회의 가르침으로부터 배웠던 것을 포함해 — 우리를 자유케 하는 진리가 아니라는 사실을 깨닫게 됩니다.

교회는 아주 일찍부터 예수님 자신이 진리라는 복음서의 말씀을 잊어버리고 그분에 대한 교회의 교리가 진리라고 주장했습니다. 그러나 이런 교리들은, 그 자체로 아무리 필요하고 좋은 것일지라도, 우리를 해방시키는 진리가 아님이 밝혀졌습니다. 그것들은 곧 권위에 의한 억압과 예속의 도구가 되었습니다. 그것들은 진리에 대한 정직한 추구를 가로막는 수단이자 교회에 대한 충성과 진리에 대한 성실한 추구 사이에서 사람들의 영혼을 분열시키는 무기가 되었습니다. 또한 그것들은 그런 방식으로 교회와 교회의 교리들을 진리의 이름으로 공격하던 이들에게 치명적인 무기를 제공해 주었습니다.

물론 모든 사람이 이런 갈등을 느끼는 것은 아닙니다. 많은 사람들이 율법적 성격의 교리들 아래에서 안전함을 느낍니다. 그들은 안전합니다. 그러나 그것은 아직 영적 자유와 자신의 참된 자아를 찾지 못한 자의 안전함입니다.

개신교가 그 추종자들을 그들 자신을 위한 진리의 문제를 제기하는 불안정성 속으로, 개인적 결단이라는 자유와 책임 속으로, 또 회의주의자와 정통주의자와 무관심한 대중의 방식과 해방시키는 진리이신 분의 방식 사이에서 선택할 권리 속으로 밀어 넣는 것이야말로 그것이 갖고 있는 위엄(dignity)이자 위험(danger)입니다. 왜냐하면 이것, 즉 예수님의 가르침과 교회의 교리를 넘어서 그분의 존재 자체가 진리이신 분을 가리키는 것이야말로 개신교의 위대성이기 때문입니다.

진리에 이르는 길

그러면 우리는 어떻게 이런 진리에 이릅니까? 이 질문에 대한 제4복음서의 대답은 "진리를 행함으로써"(by doing the truth)입니다. 이것은 계명들에 대한 순종이나 그것들을 받아들이고 이행하는 것을 의미하지 않습니다. 진리를 행한다는 것은 그 자신이 진리이신 분의 실재 안에서 살면서 그분의 존재를 우리의 존재와 우리 세상의 존재로 삼아나가는 것을 의미합니다.

그리고 이제 우리는 다시 묻습니다. "그런 일이 어떻게 일어날 수 있는가?" 제4복음서의 대답은 "그분 안에 거함으로써"(by remaining in Him), 즉 "그분의 존재에 참여함으로써" 입니다. 그분은 말씀하십니다. "내 안에 거하라 그러면 내가 너희 안에 거하리라." 우리를 해방시키는 진리는 우리가 그 안에 참여하는 진리, 그것이 우리의 일부이자 우리가 그것의 일부인 진리입니다. 그분의 참된 제자가 되는 것은 그분에게 참여하는 것입니다. 만약 그분 자신이신 참되고 궁극적이고 신적인 실재가 우리의 존재가 된다면, 우리는 참으로 결정적인 진리 안에 있는 셈입니다.

그리고 이제 우리는 세 번째로 묻습니다. "이런 일은 어떻게 일어날 수 있는가?" 우리의 복음서에는 이 질문과 관련해 우리에게 깊은 충격을 주는 대답이 들어 있습니다. "무릇 진리에 속한 자는 내 음성을 듣느니라"(요 18:37). 누군가가 "진리에 속한다"는 것은 그가 궁극적 실재인 진리로부터 와서 모든 존재의 신적 근거인 그리스도 안에 현존하는 실재에 의해 결정된다는 것을 의미합니다. 만약 우리가 그 실재 안에 속한다면, 우리는 그것이 나타나는 모든 곳에서 그것을 인식합니다. 우리는 그것이 그리스도 안에서 충만한 모습으로 나타날 때 그것을 인식합니다.

그러나 어떤 이들은 절망하면서 묻습니다. "만약 우리가 그것에 속해 있지 않다면, 만약 우리가 진리에 속해 있지 않다면, 우리는 영원히 그것으로부터 배제된 것인가? 우리는 진리 없이 사는 삶, 오류와 무의미의 삶을 받아들여야만 하는가? 그 누가 나에게 내가 진리에 속했다고, 내가 진리를 얻을 기회를 갖고 있다고 말해 주겠는가?" 아무도 당신에게 그런 말을 해줄 수 없습니다. 그러나 당신이 진리에 속해 있는지를 판별하는 한 가지 기준이 있습니다. 만약 당신이 "내가 진리에 속해 있는가" 하고 진지하게 묻는다면, 당신은 진리에 속해 있습니다. 만약 당신이 진지하게 그렇게 묻지 않는다면, 또 참으로 그것을 원하지 않는다면, 당신은 그 질문에 대한 대답을 받을 만하지 않으며 받을 수도 없습니다!

해방시키는 진리의 문제를 진지하게 제기하는 사람은 이미 해방에 이르는 길 위에 서 있습니다. 그는 여전히 교리적 자기 확신이라는 굴레에 묶여 있을 수 있습니다. 그러나 그는 이미 그것으로부터 자유로워지기 시작했습니다. 그는 여전히 냉소적인 절망의 굴레에 묶여 있을 수 있습니다. 그러나 그는 이미 그것으로부터 벗어나기 시작했습니다. 여전히 그는 참으로 중요한 진리에 대한 무관심이라는 굴레에 묶여 있을 수 있습니다. 그러나 그의 무관심은 이미 흔들리고 있습니다. 그런 이들은 모두 진리에 속해 있으며 진리에 이르는 길 위에 서 있습니다.

진리와의 만남

이 길 위에서 당신은 여러 형태로 해방시키는 진리를 만나게 되겠지만, 한 가지 형태로만은 결코 만나지 못할 것입니다. 즉 당신은 그것을 당신이 배우거나 받아 적거나 집으로 가져갈 수 있는 명제(命題)의 형태로는 만나지 못할 것입니다. 그러나 당신은 그것을 어느 책이나 대화나 강연이나 심지어 설교 속의 한 문장의 형태로 만날 수 있습니다. 물론 이런 문장 자체는 진리가 아닙니다. 그러나 그것은 당신을 진리를 향해 열어 줄 수 있고, 여러 가지 의견과 편견과 인습의 굴레로부터 당신을 해방시킬 수도 있습니다.

참된 실재는 예전에 어두웠던 곳에서 갑자기 밝은 불빛이 새어나오는 것처럼 모습을 드러냅니다. 혹은 안개가 점점 엷어지다가 마침내 사라지듯이 천천히 나타나기도 합니다. 새로운 어두움과 새로운 안개가 당신에게 덮쳐 올 것입니다. 그러나 그때 당신은 적어도 한번은 진리와 그것이 제공하는 자유를 경험한 상태에 있습니다.

또한 당신은 자연의 일부 ─ 그것의 아름다움과 그것의 일시성 ─ 와 접촉함으로써, 혹은 당신이 교제하거나 소원(疎遠)하거나 사랑하거나 무관심하거나 미워하고 있는 사람과 접촉함으로써, 혹은 당신의 영혼의 숨겨진 욕망에 대한 갑작스러운 통찰과 당신에 대한 혐오와 증오 그리고 자신과의 화해와 자신에 대한 용납 안에서 당신 자신과 접촉함으로써 진리에 사로잡힐 수도 있습니다.

그리고 이런 접촉을 통해 당신은 참된 실재, 즉 우리를 착각과 거짓된 권위로부터, 우리를 노예로 만드는 근심과 갈망과 적대감으로부터, 그리고 그릇된 자기 부정과 그릇된 자기 긍정으로부터 해방시키는 진리와 만나게 될 수도 있습니다.

당신이 진리이신 그분의 모습과 능력에 사로잡히는 일이 일어날 수도 있습니다. 이런 일이 반드시 어떤 특정한 방식으로 일어나야 한다는 법은 없습니다. 그분이 말씀하셨던 것처럼, 모든 시대와 모든 장소의 수많은 사람들이 그분의 이름을 알지 못한 채 그분 안에 있는 참된 실재와 만났습니다. 그들은 진리이신 그분을 본 적이 없음에도 진리에 속했으며 진리를 깨달았습니다. 그리고 그분을 본 자들, 즉 모든 세대의 기독교인들은 그들이 그분 자신이신 진리에 참여하고 있다는 아무런 보장도 갖고 있지 않습니다. 어쩌면 그들은 진리에 속하지 않았을 수도 있습니다.

그러나 진리에 속한 자들과 진리이신 그분을 만났던 자들은 다른 이들이 갖지 못한 귀한 것을 갖고 있습니다. 즉 그들은 어느 곳에서든 그들이 만나는 모든 진리를 판단할 수 있는 어떤 관점을 갖고 있습니다. 그들은 모든 삶의 신적 근거와의 교제를 잃어버리지 않았던 어떤 이의 삶을 바라봅니다. 또 그들은 모든 존재와의 사랑의 결합을 잃어버리지 않았던 어떤 이의 삶을 바라봅니다.

그리고 이것은 우리를 우리의 복음서와 요한의 서신들을 썼던 사람이 진리에 대해 말해야 했던 마지막 말로 이끌어갑니다. 그것은 우리를 해방시키는 진리는 다름 아닌 "사랑의 능력"이라는 것입니다. 왜냐하면 하나님은 사랑이시기 때문입니다(요일 1:8). 거짓의 아비는 우리를 우리 자신 혹은 우리 안에 있는 우리의 거짓된 자아에 옭아맴으로써 우리를 자신에게 옭아맵니다. 사랑은 우리를 거짓의 아비에게서 해방시킵니다. 왜냐하면 그것은 우리를 우리의 거짓된 자아로부터 참된 자아 곧 참된 실재에 근거한 자아에로 해방시키기 때문입니다.

그러므로 사랑과 결합된 진리를 찾을 수 없는 곳에서 이루어지는 진리에 대한 모든 주장을 믿지 마십시오. 그리고 당신이 진리에 속하고 진리가 당신을 사로잡는 것은 오직 사랑이 당신을 사로잡고 당신을 당신 자신으로부터 자유케 할 때뿐이라는 것을 확신하십시오.

10

신앙과 불확실성

8그러나 우리나 혹은 하늘로부터 온 천사라도 우리가 너희에게 전한 복음 외에 다른 복음을 전하면 저주를 받을지어다 9우리가 전에 말하였거니와 내가 지금 다시 말하노니 만일 누구든지 너희가 받은 것 외에 다른 복음을 전하면 저주를 받을지어다

갈라디아서 1:8-9*

루터는 그의 책 『노예의지론』(On the Bondage of the Will)에서 다음과 같이 쓰고 있습니다. "불확실성보다 더 불행한 것이 무엇이랴!" 이런 말로 그는 그의 강적(强敵) 로테르담의

---

* 원서에는 이 성경 본문이 없지만, 이 책에 실린 다른 설교들과의 형식상의 조화를 위해 이 설교에서 주로 거론되는 성경 본문을 임의로 넣었다-역주.

에라스무스(Erasmus of Rotterdam)의 반쯤 회의적인 태도에 도전합니다. 에라스무스는 만약 성경과 교회의 권위가 그렇게 하는 것을 허락하기만 한다면 자신은 즉시 회의주의자들의 편으로 가겠노라고 선언한 적이 있었기 때문입니다.

루터는 우리의 궁극적 관심의 문제와 관련해 "확신"을 요구합니다. 그는 회의적인 가능성이나 학문적 개연성이 아니라 "단언"(斷言, assertions)을 요구합니다. "단언을 제거해 보라," 그는 말합니다. "그러면 당신은 기독교를 제거하게 될 것이다." 그는 단언을 피하는 것은 기독교적 정신의 특성이 아니라고 단언합니다.

선지자들과 신약성경 기자들은 모두 루터의 태도에 찬동하고 에라스무스의 태도를 논박합니다. 예수님도 바울도 요한도 개연성이나 경험의 축적이라는 측면에서 말하지 않습니다. 그들은 자기들이 전하는 메시지 - 그것은 현대인들로서는 견디기 힘들며 이해하기는 더욱 어렵습니다 - 의 진실성에 대해 흔들리지 않는 확신을 갖고 단언합니다. 바울은 갈라디아 교인들에게 다음과 같이 쓰고 있습니다. "그러나 우리나 혹은 하늘로부터 온 천사라도 우리가 너희에게 전한 복음 외에 다른 복음을 전하면 저주를 받을지어다"(갈 1:8).

확신의 본질

우리는 이런 꺾이지 않는 확신에 대해 일종의 저항감을 느끼고 심지어 분개하기까지 합니다. 그것의 직접적인 결과는 이단들에 대한 저주로 나타납니다. 그렇다면 우리는 모두 의식적으로 혹은 무의식적으로 에라스무스주의자들이 된 것입니까? 우리는 기독교를 단지 여러 가지 다른 가능성들 중 하나로, 즉 개연성은 있으나 결코 확실하지는 않은 것으로 여기는 것입니까? 바르트(Karl Barth)가 종교개혁가들의 태도를 견지하면서 점진적 확신이라는 입장에서 하나님께 접근하고자 했던 모든 시도들에 대해 단호하게 "아니요" 하고 말했을 때 우리는 모두 당혹스러워하지 않았습니까? 우리는 그의 말에서 고대와 현대의 독재자들의 음성을 듣지 않았습니까?

바울과 유대교의 완전주의자들 사이의, 어거스틴과 펠라기우스적 합리주의자들(Pelagian rationalists) 사이의, 그리고 루터와 에라스무스적 인문주의자들(Erasmian humanists) 사이의 싸움은 실제로는 바울과 어거스틴과 루터가 패배한 타협으로 끝나는 것입니까? 지금 나는 신학적 패배에 대해 말하는 것이 아닙니다. 오히려 나는 우리의 마음의, 우리의 삶의, 우리의 영혼 깊은 곳의 패배에 대해 말하고 있는 것입니다. 혹은 우리는 지금도 여전히 바울이 "불확실성보다 더 불행한 것이 무엇이랴" 하고 외쳤을 때 그가 말하고자 했던 것을 이해할 수 있습니까?

그러나 여기에서 바울과 루터가 옹호했던 확신의 본질에 대해 좀더 자세하게 살펴봅시다. 바울의 말은 그것이 자신에 대한 확신이 아니라는 것을 분명하게 보여 줍니다. "우리나 혹은 하늘로부터 온 천사라도 우리가 너희에게 전한 복음 외에 다른 복음을 전하면…"(8절). 바울이 전했던 복음의 진실성은 바울에게 달려 있지 않았습니다. 그가 갖고 있는 확신은 그의 개인적 경험에서 일어난 변화들에 달려 있지 않았습니다. 그는 언젠가는 자신이 왜곡된 복음을 전할 수도 있다고 상상합니다. 그는 심지어 하늘의 천사들까지도 교회가 이미 받은 것과 다른 메시지를 전할 수 있다고 상상합니다.

바울은 자신을 확신하지 않습니다. 그는 천사들의 비전까지도 확신하지 않습니다. 그러나 그는 복음을 확신합니다. 너무나 확신하기에 그는 자신과 최고의 영적 능력을 지닌 자들이라도 복음을 왜곡한다면 하나님의 저주를 받을 것이라고 말합니다. "왜냐하면," 그는 계속해서 말합니다. "내가 전하는 복음은 인간이 만들어낸 것이 아니며, 어떤 사람이 내 머리에 넣어 준 것이 아니기 때문이다. 나는 내가 아니며, 나의 복음은 나의 복음이 아니며, 나의 확신은 나의 확신이 아니기 때문이다."

이것은 성경 전체와 기독교의 모든 위대한 증인들의 고백에서 나타나는 하나님 앞에서의 우리의 상황에 대한 묘사입니다. 그것은 우리가 갖고 있는 확신입니다. 그러나 우리가 그것을 우리의 확신으로 간주하기 시작하는 순간 그것은 상실됩니다. 우리는 우리가 그런 확신을 얻게 된 합리적이거나 비합리적인 우리의 "경험"이 아니라 우리의 확신의 "내용"을 보는 한에서만 확신을 갖습니다. 우리가 우리 자신과 우리의 것으로서의 우리의 확신을 바라볼 때, 우리는 그것이 얼마나 약한지 그리고 모든 비판적인 사고에 의해 얼마나 쉽게 부서질 수 있는지 알게 됩니다. 우리는 우리의 추론이 하나님 개념 및 그리스도의 실재성에 대해 제공할 수 있는 개연성이 얼마나 작은지 알게 됩니다. 우리는 우리의 종교적 삶의 감정적 측면의 모순, 즉 황홀한 확신과 절망적인 의심 사이의 동요를 발견하게 됩니다.

이해가 아닌 붙들림

그러나 하나님을 바라볼 때 우리는 우리의 경험이 갖고 있는 모든 결점들이 문제가 되지 않는다는 것을 깨닫습니다.

하나님을 바라볼 때 우리는 우리가 그분을 지식의 대상으로 갖고 있는 것이 아니라, 오히려 그분이 우리를 우리의 실존의 주체로 삼고 계시다는 사실을 알게 됩니다. 하나님을 바라볼 때 우리는 우리가 그분을 회의적 논쟁의 대상이나 거역할 수 없는 감정의 대상으로 만드는 것을 통해서조차 그분으로부터 도망칠 수 없다고 느낍니다.

우리가 그것을 어떻게 부르고 묘사하고 설명하든, 우리는 우리의 불확실성 안에 한 가지 확실한 것이 있다는 것을 의식합니다. 우리는 그것을 파악하지 못할 수 있습니다. 그러나 우리는 그것에 의해 파악됩니다. 우리는 자신의 불확실성의 심연 속에서 아무것도 붙들지 못할 수도 있습니다. 그러나 우리가 궁극적인 그 무엇, 즉 우리를 그 힘으로 붙들고 있고 우리가 그것에서 도망치려고 하지만 그럴 수 없는 그 무언가에 의해 붙들린다는 것은 절대로 확실합니다.

루터가 기독교적 확신에 대해 말했던 것은 바로 그런 의미에서였습니다. 그는 "단언이란 지속적인 집착, 확언, 옹호, 그리고 꺾이지 않는 인내를 의미한다"라고 쓰고 있습니다. 이런 확신은 그가 자신의 것으로 소유하고 있는 그 무엇이 아닙니다. 그보다 더 심각한 의심을 경험한 사람은 아무도 없습니다.

루터에게는 어거스틴과 에라스무스 모두가 최종적으로 선택했던 권위 안에 있는 피난처를 찾는 것이 불가능했습니다. 종교적 진리에 대한 모든 가능한 논증 그리고 그의 개혁가로서의 소명과 종교적 능력과 축적된 경험에 대한 모든 믿음 역시 마찬가지였습니다. 궁극적 불확실성과 관련해 그 모든 것은 아무 소용도 없었습니다.

그러나 때로 지옥과도 같은 최악의 상황에서 그의 마음에 "나는 네 하나님 여호와니라"라는 첫 번째 계명이 떠올랐습니다. 그리고 그때 그는 한 가지 확실한 것이 자기를 떠나지 않았음을 알았습니다. 그리고 그것은 궁극적으로 필요한 유일하게 확실한 것이었습니다.

우리는 종교뿐 아니라 삶의 다른 모든 분야에서 우리 시대의 특성이 되고 있는 근본적인 불확실성에도 불구하고 이런 확신을 유지할 수 있습니까? 또한 개인적인 의심과 절망 그리고 우리의 유산이 된 회의에도 불구하고 그것을 유지할 수 있습니다.

이런 질문에 대한 대답은 우리에게 달려 있지 않습니다. 우리가 자신의 실존의 근거와 접촉하고 자신 너머를 바라보도록 그것이 우리에게 주어질 때마다 우리는 종교개혁가들과 사도들이 가졌던 확신을 얻을 수 있습니다. 우리가 하나님과 그리스도에 대한 모든 객관적 개연성과 하나님과 그리스도에 대한 모든 주관적 평가를 포기할 때, 그리고 모든 잠정적 확신이 사라질 때, 궁극적 확신이 우리에게 나타날 수 있습니다. 그리고 우리는 이런 확신의 능력을 힘입어, 비록 안전하거나 시험이 없지는 않겠으나, 확신에서 확신으로 걸어나갈 수 있을 것입니다.

11
무슨 권위로?

1 하루는 예수께서 성전에서 백성을 가르치시며 복음을 전하실새 대제사장들과 서기관들이 장로들과 함께 가까이 와서 2 말하여 이르되 당신이 무슨 권위로 이런 일을 하는지 이 권위를 준 이가 누구인지 우리에게 말하라 3 대답하여 이르시되 나도 한 말을 너희에게 물으리니 내게 말하라 4 요한의 세례가 하늘로부터냐 사람으로부터냐 5 그들이 서로 의논하여 이르되 만일 하늘로부터라 하면 어찌하여 그를 믿지 아니하였느냐 할 것이요 6 만일 사람으로부터라 하면 백성이 요한을 선지자로 인정하니 그들이 다 우리를 돌로 칠 것이라 하고 7 대답하되 어디로부터인지 알지 못하노라 하니 8 예수께서 이르시되 나도 무슨 권위로 이런 일을 하는지 너희에게 이르지 아니하리라 하시니라

누가복음 20:1-8

본문의 이야기는 그 이야기를 우리에게 전해 준 초대 교인들에게 아주 중요했습니다. 얼핏 본다면, 그 이야기가 그렇게 높은 평가를 받아야 할 아무런 이유도 없어 보입니다. 유대교 지도자들이 대답하기 곤란한 질문을 던져 예수님을 함정에 빠뜨리려고 했습니다. 그러자 예수님이 그들에게 더 곤란한 질문을 던져 오히려 그들을 함정에 빠뜨리십니다. 이것은 유쾌한 일화(逸話)입니다.

그런데 이 이야기에 그 이상의 다른 의미가 있는 걸까요? 그렇습니다, 그것은 그 이상의 무한히 깊은 의미를 갖고 있습니다. 그 이야기는 어떤 놀라운 일을 행합니다. 그것은 예언 종교의 근본적인 질문에 대해 답하지 않음으로써 그 질문에 답합니다. 예수님은 권위의 문제에 대한 대답을 거부하십니다. 그런데 그분이 대답을 거부하시는 방식이 바로 그 대답입니다.

예수님의 반문

예수님이 그분의 권위에 대한 종교 지도자들의 질문에 대해 "그들의" 권위의 근거에 대해 반문하심으로써 대답하셨다고 상상해 봅시다! 아마도 그들은 그 질문에 쉽게 그리고 확신 있게 대답할 수 있었을 것입니다. 대제사장들은 다음과 같이 대답할 수 있었을 것입니다. "우리의 권위의 근거는 중단 없이 모세와 아론에게까지 거슬러 올라가는 전통에 따른 우리의 성별(聖別)이다. 우리가 그것의 고리들 중 하나가 되는 과거로부터 미래로 이어지는 성스러운 전통이 우리에게 권위를 부여한다."

서기관들은 다음과 같이 대답할 수 있었을 것입니다. "우리의 권위의 근거는 누구도 필적할 수 없는 우리의 성경에 대한 지식이다. 우리는 하나님의 말씀을 배우는 학생으로서 마땅히 그렇게 해야 하기에 어린 시절부터 밤낮으로 성경을 연구해 오고 있다. 우리는 성경을 해석하는 데 전문가이므로 권위를 갖고 있다."

장로들은 예수님께 다음과 같이 대답할 수 있었을 것입니다. "우리의 권위의 근거는 오랜 세월에 걸쳐 습득한 지혜와 그것을 오늘의 문제들에 적용하며 쌓은 우리의 경험이다. 우리의 지혜와 우리의 경험이 우리에게 권위를 부여한다."

그리고 그들 모두는 예수님께 다음과 같이 말했을 것입니다. "그러나 너는 누구냐? 성별되지도, 성경을 연구하지도, 세월의 지혜와 실천을 통해 축적된 경험도 갖고 있지 않은 너는 도대체 누구냐? 너의 권위의 근거는 무엇이냐? 너는 가르치고 설교했을 뿐 아니라, 우리의 승인도 받지 않은 채 과격하게 행동했다. 너는 성전에서 팔고 사는 모든 사람들을 내쫓았고, 환전상들의 탁자와 비둘기 파는 자들의 자리를 뒤엎었다. 그리고 너는 그들이 성전과 성전의 제의 그리고 제사의 수행을 위해 필요하다는 것을 알고 있다! 도대체 너는 무슨 권위로 모세와 그 이후의 모든 세대가 우리에게 전해 준 종교에 맞섰던 것이냐?"

그렇게 그들은 그분의 질문에 대답할 수 있었을 것입니다. 그러나 예수님은 그들에게 그렇게 묻지 않으셨습니다. 오히려 그분은 "요한의 세례가 하늘로부터냐 사람으로부터냐"(4절) 하고 물으셨습니다. 그리고 그들은 이 질문에 대답하지 못했습니다. 만약 그들이 "사람으로부터"라고 답한다면, 그들은 세례자 요한이 선지자라는 당시 사람들의 일반적인 감정 그리고 아마도 그들 자신의 감정까지도 해치게 되었을 것입니다.

그러나 만약 그들이 "하나님으로부터"라고 답한다면, 그들은 그들이 자기들을 위해 주장할 수 있었던 세 가지 권위를 넘어서는 어떤 권위를 인정하는 셈이 되었을 것입니다. 그리고 그들은 그런 것을 원하지 않았습니다. 소위 "권위자들"로 불리던 그들은 모든 권위가 자기들에게만 주어져야 한다고 주장했습니다. 그러므로 그들은 요한을 선지자로 받아들이지 않았고, 예수님을 그리스도로 받아들이지도 않았습니다. 이런 갈등의 심각성을 축소하려 하지 마십시오. 그것은 단순히 선과 악 사이의 그리고 신앙과 불신앙 사이의 갈등에 불과한 것이 아니었습니다. 그 갈등은 그것보다 훨씬 더 심각하고 훨씬 더 비극적이었습니다!

우리를 향한 반문

우리 자신이 예수님을 향해 그분의 권위의 근거에 대해 질문했던 사람들의 입장에 있었다고 상상해 봅시다. 자신이 위대한 종교 전통의 수호자들, 인간의 실존을 위해 결정적으로 중요한 분야의 의심할 여지없는 전문가들, 혹은 오랜 경험을 통해 최고의 가치를 지닌 문제들을 다루는 법을 배운 자들이라고 상상해 봅시다. 그렇게 우리가 법적으로 인정된 권위자로서 어떤 역할을 하고 있었는데, 누군가가 와서 우리의 역할에 대해 아주 다른 언어로 이야기하고, 우리가 권위를 갖고 있는 분야에서 아주 급진적인 방식으로 행동했다고 상상해 봅시다.

그때 우리는 그에게 어떻게 대응하겠습니까? 또 만약 그를 보거나 그의 말을 들은 사람들이 그에 대해 유대인들이 예수님을 가리키며 했던 말, 즉 그가 기존의 권위자인 우리들처럼 가르치지 않고 오히려 진짜 권위를 지닌 자처럼 가르친다고 말한다면, 우리는 그에게 어떻게 대응하겠습니까?

그럴 때 우리는 이렇게 생각하지 않겠습니까? "그는 대중을 혼란케 하고, 위험한 교리를 퍼뜨리고, 충분히 입증된 법과 제도를 해치고, 낯선 생활방식과 사고방식을 소개하고, 성스러운 유대를 끊어버리고, 여러 세대의 사람들이 그것을 통해 훈련과 능력과 희망을 얻었던 전통을 파괴하고 있어. 그에게 맞서는 것 그리고 만약 가능하다면 그를 제거하는 것은 우리의 마땅한 의무야! 사람들을 위해 우리는 자신이 주장하는 권위의 근거를 보일 수 없는 이 자에 맞서서 우리의 성스러운 그리고 이미 증명된 권위를 옹호해야만 해."

우리가 그렇게 대응한다는 이유로 비난받을 수 있을까요? 우리가 그런 이유로 비난을 받아서는 안 된다면, 우리는 예루살렘의 권위자들이 예수님에게 그렇게 대응한 것을 비난할 수 있을까요?

종교개혁에 대해 생각해 봅시다. 종교개혁 시기는 교회의 역사 안에서 권위의 문제가 다시 한 번 여러 사건들의 중심이 되었던 때였습니다. 루터는 그리고 결과적으로 개신교 전체는 교황과 공의회들의 권위에 대한 합의에 이르지 못하자 로마 교회로부터 그리고 1500년에 걸친 그리스도교의 전통으로부터 떨어져 나왔습니다. 그때 루터는 법적인 방식으로는 그 근거를 판단할 수 없는 권위를 갖고서 말하고 행동했습니다. 그리고 여기에서 우리는 다시 물어야 합니다. "가톨릭교회의 권위자들은 그들이 기존의 권위의 이름으로 이 사람을 거부했다는 이유로 비난을 받아야 하는가?"

만약 우리가 그들을 비난하지 말아야 한다면, 이제 우리는 그들을 향해 다음과 같이 물을 수 있습니다. "당신들은 사람들이 종교개혁가들이 사제나 수도사들처럼 말하는 것이 아니라 진짜 권위를 지닌 자들처럼 말한다고 했을 때 당신들이 했던 것과 동일한 일을 했던 유대교의 권위자들을 왜 비난하는가?" 동일한 일을 유대교의 고위 제사장이 했을 경우와 로마 교회의 고위 사제들이 했을 경우가 그렇게 서로 다른 걸까요?

아마도 누군가는 오늘날 유럽과 이 나라의 개신교 권위자들에게 다음과 같이 물을 수 있을 것입니다. "당신은 당신의 권위, 당신의 전통, 그리고 당신의 경험에 대한 주장이 예수님이 염두에 두셨던 것과 같은 권위를 억누르고 있지 않다고 확신하는가?"

권위의 의미

그리고 이제 우리는 묻습니다. "권위란 무엇인가? 그것은 인간으로서의 인간에게 무슨 의미가 있는가? 그것은 우리 시대를 위해 그리고 우리들 각자를 위해 무슨 의미가 있는가?" 무엇보다도 그것은 우리가 유한하며 우리에게는 "권위"라는 말이 참으로 의미하는 것, 즉 시작과 성장의 필요성이 요구된다는 것을 뜻합니다. 다시 말해, 그것은 우리가 태어났으며, 유아와 어린이였으며, 우리에게 생명과 집과 보호 그리고 영혼과 마음의 내용을 제공한 이들에게 전적으로 의존하고 있었다는 것을 의미합니다.

우리는 여러 해 동안 무언가를 스스로 결정할 수 없었습니다. 그리고 이것은 우리를 권위에 의존하게 만들었고 권위를 우리에게 유익한 것이 되게 했습니다. 우리는 비록 특별한 경우에는 그것에 맞서 반항하기도 했지만 대개는 그것을 저항 없이 받아들였습니다. 그리고 그 권위는 모든 다른 권위들의 기초가 되었습니다. 그것은 형이나 누나, 보다 성숙한 친구나 교사, 공무원, 지도자, 목사 등의 권위에 힘을 부여했습니다.

그리고 그들을 통해 우리는 사회와 국가와 교회의 제도와 전통들을 소개받았습니다.

권위는 우리의 삶속으로 침투해 들어와 그것을 이끌고 형성합니다. 권위의 용납은 우리보다 많은 것을 가진 이들이 제공하는 것에 대한 용납입니다. 그리고 우리는 그들과 그들이 대표하는 것에 복종함으로써 역사 안에서 살아갈 수 있습니다. 마치 우리가 자연법에 순종함으로써 자연 안에서 살아갈 수 있듯이 말입니다. 율법의 권위로부터 그것을 대표하고 집행하는, 또 그런 이유 때문에 "권위자"라고 불리는 사람들의 권위가 나옵니다.

우리의 매일의 삶은 우리의 행위를 위한 전통과 관습 그리고 그것들을 받아서 우리에게 전해 주었던 이들의 권위가 없이는 불가능할 것입니다. 자연에 대한 인간의 통제는 모든 새로운 세대가 소개 받는, 또 그것을 우리에게 소개해 줄 수 있는 이들에게 권위를 제공하는 지식과 기술이라는 전통이 없이는 불가능할 것입니다. 인간의 지적 생활을 위한 요소들 – 그가 사용하는 언어, 그가 부르는 노래, 그가 연주하는 음악, 그가 세우는 집, 그가 그리는 그림, 그리고 그가 만들어내는 상징들 – 은 그가 자기보다 앞서 그것에 참여했던 이들의

권위를 통해 받은 것입니다. 인간의 종교적 삶의 여러 요소들
– 그가 갖고 있는 신앙, 그가 사랑하는 제의, 그가 들어왔던
이야기와 전설들, 그가 지키려고 애쓰는 계명들, 그리고 그가
마음 깊이 알고 있는 본문들– 역시 그가 만들어낸 것이 아닙
니다. 그는 그것들을 그에게 종교적 권위를 대표하는 이들로
부터 받았습니다.

그리고 만약 그가 자신을 형성해 온 권위들에 반항한다면,
그는 자신이 그 권위들로부터 받았던 도구들을 사용해 그렇게
합니다. 혁명가의 언어는 그가 맞서고 있는 이들에 의해 형성
된 것입니다. 혁명가는 그가 맞서고 있는 바로 그 전통을 사용
해 그것에 저항합니다. 그러므로 절대적 혁명은 불가능합니
다. 만약 누군가 그런 혁명을 시도한다면, 그는 즉각 실패하고
맙니다. 그리고 만약 어떤 혁명이 성공한다면, 그 혁명의 리더
들은 곧 과거의 권위자들이 만들어낸 형식과 개념들을 사용하
지 않을 수 없습니다. 이것은 청소년이 가정의 권위자에게
반항할 경우나 새로운 사회집단들이 기성 권력자들의 권위에
반항할 경우에도 마찬가지입니다.

인간의 유한성에 대해 말할 때 우리는 대개 시간 안에서
살아가는 인간의 일시성, 출생과 죽음, 매순간 그를 위협하는

숱한 변화들에 대해 생각합니다. 그러나 우리는 우리가 일시적이라는 점에서만 유한한 것이 아닙니다. 우리는 우리가 역사적 존재라는 점에서도 유한합니다. 이것은 우리가 설령 어떤 권위에 반항할지라도 또한 그것에 복종하지 않을 수 없다는 것을 의미합니다. 우리는 육체적으로뿐 아니라 정신적으로도 실존 속으로 내던져집니다. 어떤 의미로도 우리는 홀로 존재하지 않으며, 어떤 의미로도 홀로 존재할 수 없습니다. 권위 없이 존재하려는 자는 스스로 계신 유일한 분이신 하나님과 같이 되려는 자입니다. 또 그는 하나님처럼 되려는 모든 것들처럼- 그것이 한 인간이든, 한 나라든, 우리의 시대와 같은 역사의 어느 한 시기이든- 자기 파멸 속으로 내던져지고 맙니다.

권위의 분열

우리의 이야기 속에서 예수님의 적들은 물론이고 예수님까지도 권위를 인정합니다. 그들은 권위 그 자체가 아니라 "정당한" 권위를 놓고 싸웁니다. 그리고 우리는 이것을 성경과 교회의 삶의 모든 곳에서 발견합니다. 바울은 베드로를 포함해 원래의 제자들과 맞서서 사도적 권위의 토대를 놓고 싸웁니다. 주교들은 열심 있는 신자들과 맞서서 교회내의 리더십을 놓고 싸웁니다. 교황들은 왕들과 맞서서 정치적 권위의 궁극적 근원에 대해 싸웁니다. 종교개혁가들은 교권을 쥔 자들과 맞서서 성경의 해석을 놓고 싸웁니다. 신학자들은 과학자들과 맞서서 궁극적 진리의 기준을 놓고 싸웁니다. 서로 싸우는 집단들 중 아무도 권위를 부정하지 않습니다. 다만 그들은 다른 집단의 권위를 부인할 뿐입니다.

그러나 만약 권위가 스스로 분열한다면, 어느 권위가 옳고 그른지를 누가 판단해야 합니까? 분열된 권위는 권위의 종말이 아닙니까? 종교개혁에 의해 발생한 균열은 교회의 권위의 종말이 아니었습니까? 성경의 해석과 관련된 분열은 성경 해석의 종말이 아닙니까? 신학자들과 과학자들 사이의 분열은 지적 권위의 종말이 아닙니까? 아버지와 어머니 사이의 분열은 부모의 권위의 종말이 아닙니까? 다신론의 신들 사이의 분열은 그들의 신적 권위의 종말이 아닙니까? 한 사람의 양심의 분열은 그의 양심의 권위의 종말이 아닙니까? 만약 누군가 서로 다른 권위들 사이에서 선택해야 한다면, 그런 권위들이 아니라 선택하는 그 자신이 궁극적 권위가 됩니다. 그리고 이것은 그를 위한 권위가 존재하지 않는다는 것을 의미합니다.

그러나 이것은 우리 시대에 무서운 양자택일적 상황을 낳습니다. 만약 아무런 권위도 존재하지 않는다면, 우리는 각자

스스로 결정해야 합니다. 유한한 존재인 우리가 마치 무한한 존재인 것처럼 행동해야 합니다. 그리고 이것은 불가능하기에 우리는 완전한 불안정과 불안과 절망 속으로 내몰립니다. 혹은 스스로 결정하는 외로움을 견딜 수 없기에 균열된 권위의 존재 자체를 부인합니다. 우리는 분명한 권위에 순응하고 다른 모든 주장들에 대해 눈을 감습니다.

권력의 자리에 있는 이들은 대부분의 사람들이 그렇게 하기를 바란다는 것을 잘 알고 있습니다. 그들은 자기들의 권력을 유지하고 증대시키기 위해 사람들이 스스로 결정하기를 꺼린다는 사실을 이용합니다. 이것은 정치적인 권력에서뿐 아니라 종교적인 권력에서도 마찬가지입니다. 과거나 오늘이나 할 것 없이 권위의 체계는 인간의 이런 약함이라는 토대 위에 세워집니다.

새로운 현실에 근거한 권위

예수님은 "당신이 무슨 권위로 이런 일을 하는가"라는 질문을 받습니다. 그런데 그분은 그 질문에 대답하시는 대신 요한의 행위와 말을 지적하는 것으로 응답하십니다. 여기에서 그분이 그 나라의 지도자들에게 말씀하시는 것은 다음과 같습니다. "너희는 의식적[儀式的] 혹은 법적[法的] 기초를 갖고 있지 않은 권위가 일어나고 있는 것을 보고 있다. 그러나 너희는 그것의 가능성을 부인한다. 그러므로 너희는 세례자 요한과 나를 모두 부인한다. 너희는 내적 능력을 통해 보장되는 권위의 가능성을 부인한다. 너희는 선지자들에 대한 유일한 시험이 그들이 말해야 했던 것의 능력이었다는 사실을 잊어버렸다. 사람들이 우리에 대해 하는 말에 귀를 기울여라. 그들은 우리가 소위 '권위자들'로 불리는 너희들처럼이 아니라 권위 있는 자들처럼 말한다고 말한다." 이것이 그분이 그들에게 주시는 말씀이었습니다.

그분은 우리에게는 무어라고 말씀하실까요? 아마도 그분은 우리 시대의 대제사장들과 서기관들과 장로들과 맞서서 자신의 권위를 옹호하실 필요는 없을 것입니다. 우리 시대에 그들 모두는 그분을 인정하고 있기 때문입니다. 오히려 그분은 우리에게 아주 다른 질문을 하셔야 할 것입니다. 그분은 다음과 같이 물으셔야 할 것입니다. "너희에게 나의 권위의 본질은 무엇이냐? 그것은 세례자 요한의 그것과 같은 것이냐, 아니면 나를 제거하려고 애썼던 유대교 권위자들의 그것과 같은 것이냐? 너희가 나나 성경이나 교부들이나 교황들이나 종교개혁가들이나 신조들에 대해 증언했던 이들의 말들을 궁극적 권위들로 만들었더냐? 너희가 나의 이름으로 그렇게 했더냐? 그렇다면, 너희는 내 이름을 남용하고 있는 게 아니냐? 왜냐하면 사람들이 내 이름을 기억할 때마다 권위를 누리는 자들에 맞서 싸웠던 나의 싸움 역시 기억되어야 하기 때문이니 말이다."

기독교의 메시지에는 기존의 권위에 맞서는 무언가가 있습니다. 기독교의 경험 속에는 과거의 가장 위대하고 가장 거룩한 경험들에까지 예속되기를 거부하는 무언가가 있습니다. 그리고 이 무언가는 "요한의 세례가 하늘로부터냐 사람으로부터냐"는 예수님의 질문과 그분이 사람들의 질문에 답하기를 거부하시는 것을 통해 드러납니다.

대답을 불가능하게 만드는 것은 인간이 아니라 하나님으로부터 오는 권위의 본성 때문입니다. 하나님이 어떤 사람에게 권위를 주시는 장소는 제한될 수 없습니다. 그것은 법적으로 규정될 수 없습니다. 그것은 교리와 의식의 울타리 안에 국한될 수 없습니다. 그것은 이곳에 존재합니다. 그리고 당신은 그것이 어디로부터 오는지 알지 못합니다. 당신은 그것을 이끌어낼 수 없습니다. 오히려 당신이 그것에 사로잡혀야 합니다. 당신이 그것의 능력에 참여해야 합니다. 이것이 권위의 문제가 결코 궁극적인 해답을 얻을 수 없는 이유입니다. 확실히 여러 가지 잠정적인 대답이 있을 수 있습니다. 우리가 사는 날 동안 우리가 권위의 문제와 관련해 은밀하게 혹은 공개적으로 대부분은 "예"라고, 또 때로는 "아니요"라고 말하면서 대답하지 않는 날은 없습니다.

그러나 우리는 그 문제에 대해 궁극적인 대답을 줄 수 없습니다. 다만 우리는 예수님이 하셨던 것처럼 어떤 현실을 가리킬 수 있을 뿐입니다. 그리고 이것이야말로 우리의 종교 지도자들 - 사역자들, 신학자들, 그리고 다른 기독교인들에게 제사장처럼 행동하는 모든 기독교인들 - 이 할 수 있고 해야 하는 일입니다. 그들 모두는 예수님이 세례자 요한에게 하셨던 것처럼, 또 세례자 요한이 예수님께 했던 것처럼 자신들의 손가락을 들어야 합니다.

우리 모두는 열정적으로 그러나 기존의 권위자들과 달리 십자가에 달리신 분을 가리켜야 합니다 - 오래 전의 화가 그뤼네발트(Matthias Grünewald, 1455-1528)가 그린 놀라운 그림에서 세례자 요한이 하듯이 말입니다. 거기에서 세례자 요한의 전 존재는 십자가를 가리키는 그의 손가락 안에 들어 있습니다. 이것은 교회와 성경의 참된 권위와 관련해 내가 알고 있는 가장 위대한 상징입니다. 그들은 그들 자신이 아니라 그들의 권위의 기존의 형식들과 우리의 개인적 경험의 굳어진 형식들을 거듭 깨뜨리고 들어오는 현실을 가리켜야 합니다.

하나님의 무응답

그리고 우리는 다시 한 번 묻습니다. "권위의 문제가 궁극적 대답을 얻지 못한다는 것은 무슨 의미인가?" 만약 내가 "그것은 하나님 자신이 대답을 주실 수 없기 때문이다"라고 말한다면, 그것은 하나님을 모독하는 소리처럼 들릴 것입니다. 만약 내가 "그것은 하나님이 영이시기 때문이다"라고 말한다면, 그것은 신성모독은 아니지만 틀에 박힌 소리처럼 들릴 것입니다. 그러나 두 가지 대답 모두 동일한 것을 의미합니다. 영이신 하나님은 권위의 문제에 대해 궁극적인 대답을 주실 수 없습니다.

교회와 교회의 지도자들과 교인들은 종종 "하나님은 영이시다"라는 말이 갖고 있는 무한한 의미를 무시합니다. 그러나 우리의 적(敵)의 예리한 눈은 이 말의 의미를 간파했습니다. 니체(Nietzsche)는 "하나님은 영이시다"라고 말했던 최초의 사람을 하나님을 죽인 자들 중 첫번째 사람이라고 부릅니다. 인간의 영혼에 대한 그의 심원한 통찰은 그에게 어느 특정한 장소에 제한되지 않고 권위의 문제에 분명하게 대답하지 않는 하나님은 대부분의 인간들에게 용납될 수 없다는 확신을 제공했습니다.

만약 그가 옳다면, 우리는 하나님이 더 이상 존재하지 않는다는 그의 말에 동의하거나, 아니면 우리에게 권위의 문제에 대한 명확한 대답을 주고 신적 명령을 통해 우리를 그분의 하늘의 권위를 이 땅에서 대표하는 기존의 종교적 권위에 예속시키는 하나님에게로 돌아가야 할 것입니다. 그러나 그런 하나님은 영이신 하나님이 아닙니다. 실제로 그런 하나님은 자기들의 권위를 성별하기 위해 그분을 이용하는 이 세상의 권위자들이 만들어낸 거룩한 형상에 불과합니다. 이런 하나님은 우리의 이야기 속에서 예수님이 말씀하시는 하나님이 아닙니다.

그 자신이 영이시기에 궁극적 권위의 문제에 대답하실 수 없는 하나님은 우리가 그것들과 더불어 매일의 삶을 살아가는 잠정적인 권위들을 제거하시지 않습니다. 그분은 우리가 자신의 삶을 스스로 시작해야 한다고 느끼는 청소년기의 공허감에 빠지도록 방치하시지 않습니다. 그분은 우리에게서 우리보다 많은 지혜와 능력을 가진 사람들이 제공하는 보호를 빼앗아 가시지 않습니다. 그분은 우리를 우리가 속해 있으며 그것의 일부를 이루는 공동체로부터 고립시키시지 않습니다. 그러나 그분은 이 모든 잠정적인 권위들과 또 그분의 권위의 형상임을 주장하면서 하나님의 권위를 하늘의 폭군의 압제적 힘으로 왜곡하는 모든 이들에게 어떤 궁극적 의미가 있다고 인정하시지 않습니다.

새로운 권위를 향한 열림

궁극적 권위의 문제에 대답하시지 않는 하나님은 잠정적인 권위들을 영이신 자신의 수단과 도구들로 변화시키십니다. 이 세상의 부모의 권위는 하늘에 있는 부모의 권위에 대한 성별된 형상이 아닙니다. 오히려 그것은 우리에게 질서와 자기통제와 사랑이라는 영적 자질들을 매개하는 최초의 도구입니다. 그러므로 부모는 무조건적인 권위의 주체가 아니라 명예의 주체가 되어야 하며 그렇게 남아 있어야 합니다. 우리가 "하늘에 계신 아버지"라고 부르는 하나님조차 권위의 궁극적 문제에 대답하실 수 없습니다. 그런데 하물며 부모가 어떻게 그렇게 할 수 있겠습니까?

세상의 지혜와 지식이라는 권위는 하늘의 전지(全知)함이라는 권위에 대한 성별된 형상이 아닙니다. 오히려 그것은 우리에게 겸손과 지식과 지혜를 매개하는 도구입니다. 그러므로 지혜로운 자들은 명예를 얻어야 하지만 무조건적인 권위자들로 간주되어서는 안 됩니다.

공동체와 사회 그리고 민족과 국가 내의 권위자들은 하늘의 권력과 정의에 대한 성별된 형상이 아닙니다. 오히려 그들은 우리에게 상호성, 이해, 의(義), 그리고 용기와 같은 영적 자질들을 매개하는 도구들입니다. 그러므로 사회적 권위자들은 우리의 삶의 의미를 결정하는 자들로서가 아니라 외적 질서를 보장하는 자들로 간주되어야 합니다.

교회의 권위는 하늘에서 교회를 다스리시는 분을 이 땅에서 대표하는 성별화된 형상이 아닙니다. 오히려 그것은 그것을 통해 우리의 삶의 영적 실체가 보존되고 보호되고 다시 태어나는 매개체입니다.

예수 그리스도의 권위조차 독재자가 되어 다스리는 인간에 대한 성별화된 형상이 아닙니다. 오히려 그것은 자신에게서 모든 권위를 비워버리신 분의 권위입니다. 그것은 십자가에 달린 인간의 권위입니다. 만약 당신이 하나님은 영이시며 그분은 십자가에서 모습을 드러내셨다고 말한다면, 그것은 모두 같은 말입니다.

그리고 권위들에 맞서 싸우고 있는 이들과 권위를 추구하고 있는 이들은 모두 예수님께서 권위자들과 맞서시면서 결코 확립될 수 없는 권위를 세우시는 우리의 본문의 이야기에 귀를 기울이기 바랍니다! 여기에 대답이 있습니다. 즉 그것은 당신이 모든 잠정적인 권위들을 넘어서 땅과 하늘에 있는 모든 권위의 근거이자 부정이신 분의 능력에 자신을 계속해서 열어 두는 것 외에는 아무런 답이 없다는 것입니다!

12
메시아는 왔는가?

25예루살렘에 시므온이라 하는 사람이 있으니 이 사람은 의롭고 경건하여 이스라엘의 위로를 기다리는 자라 성령이 그 위에 계시더라 26그가 주의 그리스도를 보기 전에는 죽지 아니하리라 하는 성령의 지시를 받았더니 27성령의 감동으로 성전에 들어가매 마침 부모가 율법의 관례대로 행하고자 하여 그 아기 예수를 데리고 오는지라 28시므온이 아기를 안고 하나님을 찬송하여 이르되 29주재여 이제는 말씀하신 대로 종을 평안히 놓아 주시는도다 30내 눈이 주의 구원을 보았사오니 31이는 만민 앞에 예비하신 것이요 32이방을 비추는 빛이요 주의 백성 이스라엘의 영광이니이다 하니

누가복음 2:25-32

23제자들을 돌아 보시며 조용히 이르시되 너희가 보는 것을

보는 눈은 복이 있도다 ²⁴내가 너희에게 말하노니 많은 선지
자와 임금이 너희가 보는 바를 보고자 하였으되 보지 못하였
으며 너희가 듣는 바를 듣고자 하였으되 듣지 못하였느니라

누가복음 10:23-24

며칠 전 나는 어느 유대인 친구와 함께 유대교와 기독교
의 메시아 개념에 대해 이야기를 나눴습니다. 마침내 우리는
우리의 차이가 세례자 요한의 제자들이 예수님께 제기했던
양자택일적 방식과 비슷하다는 것을 알게 되었습니다. "오실
그이가 당신이오니이까 우리가 다른 이를 기다리오리이까"(마
11:3). 우리는 기독교인들은 "오실 그이"가 이미 왔다고 주장
하는 반면, 유대인들은 여전히 다른 누군가를 기다리고 있다
는 데 동의했습니다. 기독교인들은 시므온과 더불어 "내 눈이
주의 구원을 보았습니다"(눅 2:30)라고 말합니다. 반면에 유대
인들은 "우리는 그의 구원을 보지 못했다. 우리는 그것을 기다
리고 있다"라고 응답합니다.

예수님의 말씀에 따르면 기독교인들은 복됩니다. 왜냐하면
그들은 세상과 역사 안에 구원의 능력이 현존하는 것을 보았

기 때문입니다(눅 10:23-24). 유대인들은 그런 생각은 거의 신성모독이나 다름없다고 생각합니다. 왜냐하면 그들의 믿음에 따르면 그들이 메시아 시대에 일어나리라고 기대하는 아무것도 실제로 일어나지 않았기 때문입니다. 우리가 우리의 기독교 신앙을 옹호할 때 그들은 세상이 호세아와 예레미야 시대 이후로 더 나아지지 않았으며, 유대인들 그리고 그들과 더불어 인류의 대부분은 2천 년 전이나 마찬가지로 지금도 여전히 고통을 당하고 있으며, 세상의 파멸에 대한 예언자의 비전은 그 시절보다 오늘날 더 현실적이 되었다는 점을 지적합니다.

유대교의 지적의 타당성

이런 지적에 대응하기는 어렵습니다. 그러나 우리는 유대인들을 위해서뿐 아니라 수많은 기독교인들과 비기독교인들 그리고 우리의 친구와 아이들을 위해서라도, 또 우리 안에서 이런 질문을 제기하고 있는 그 무엇을 위해서라도 그것에 대답해야 합니다.

그런 지적에 대답하기는 어렵습니다. 예를 들어, 헤롯의 명령 때문이 아니라 기독교의 시대에 세상 곳곳에서 벌어지고 있는 잔인한 전쟁과 그 결과들로 인해 또 기독교인들의 상상력의 감소로 인해 "두 살 이하의" 모든 어린이들이 죽었고 죽어가고 있는 오늘날, 우리의 어린아이들이 우리에게 구유에 누우신 아기에 대해 질문할 때 우리는 그들에게 뭐라고 대답할 수 있겠습니까? 혹은 바빌론보다 훨씬 더 무서운 죽음의 수용소로부터 살아 돌아온 유대인들이 세상 어느 곳에서도 - 심지어 위대한 기독교 국가들 사이에서도 - 쉴 곳을 찾지 못하고 있는 오늘날, 우리는 그들을 향해 뭐라고 대답할 수 있겠습니까?

또는 기독교인과 비기독교인들 모두가 여러 세기에 걸친 기독교적 기술 문명과 사회 문명의 열매가 인성(人性)의 철저하고도 보편적인 파멸이라는 절박한 위협이 되고 있음을 깨닫고 있는 오늘날, 우리는 그들에게 뭐라고 대답할 수 있겠습니까? 또 우리는 거의 2천 년 동안이나 매번 성탄절 때마다 치유와 구원의 대한 메시지를 들어왔음에도 우리의 삶이 여전히 치유되지도 않고 구원에 이르지도 못했음을 알고 있는 우리 자신에게 어떤 대답을 제공할 수 있겠습니까?

우리는 그들에게 비록 "세상은" 구원받지 못했지만 모든 세대에는 "세상으로부터" 구원 받은 남자와 여자들이 존재한다고 말해야 할까요? 그러나 그것은 성탄절의 메시지가 아닙니다. 성탄절 이야기에서 그리스도를 기대하고 그분을 만나는 모든 사람들은 이스라엘과 이방인들과 세상의 구원을 바라고 있습니다. 하나님의 나라 곧 보편적 구원은 그들 모두에게 또 예수님 자신과 사도들에게 임박해 있습니다. 그러나 만약 그것이 그들이 기대했던 것이라면, 그것은 그동안 현실에 의해 이미 철저히 부정되어 오지 않았습니까?

아기의 신비

이 질문은 기독교의 메시지 자체만큼이나 오래된 질문입니다. 그리고 그 대답 역시, 우리의 본문이 지적하는 것처럼, 동일하게 오래되었습니다. 예수님은 제자들을 슬쩍 옆으로 부르십니다. 그리고 은밀한 목소리로 "너희는 너희가 보고 있는 것을 보기 때문에 복이 있다"고 추켜세우십니다(눅 10:23). 메시아의 현존의 하나의 신비입니다. 모든 사람이 그 신비에 대해 듣고 볼 수 있는 것이 아닙니다. 오직 성령의 이끄심을 받은 시므온 같은 사람들만이 그것을 듣고 볼 수 있을 뿐입니다.

구원의 출현에는 무언가 놀랍고 예기치 않은 것이 있습니다. 그것은 경건한 견해나 지적인 요구와 상반되는 그 무엇입니다. 구원의 신비는 한 아기의 신비입니다. 그것은 이사야에 의해, 무녀(巫女)의 황홀한 환상에 의해, 버질(Virgil, 70-19BC, 로마의 시인 - 역주)의 시적 비전에 의해, 신비에 대한 교리들에 의해, 그리고 새 시대의 탄생을 축하하는 사람들의 의식(儀式)에 의해 그런 식으로 예기(豫期)되었습니다.

그들 모두는, 초대 교인들이 그랬던 것처럼, 구원의 사건은 곧 한 아기의 탄생이라고 느꼈습니다. 아기는 실재하지만 여전히 실재하지 않습니다. 아기는 역사 안에 있지만 여전히 역사적이지 않습니다. 아기의 본질은 보이지만 여전히 보이지 않습니다. 아기는 이곳에 있지만 여전히 이곳에 있지 않습니다. 그리고 바로 그것이 구원의 성격입니다. 구원은 아기의 본성을 갖고 있습니다. 기독교계가 매해 가장 인상적인 축제를 통해 아기 예수를 기억하듯이, 구원은 설령 그것이 아무리 가시적이라고 할지라도 또 늘 비가시적인 것으로 남아 있습니다. 오직 가시적인 구원만을 원하는 사람은 십자가에 달리신 하나님과 그분의 모든 행위의 역설적 방식을 보지 못하는 것처럼 구유에 누우신 하나님의 아기도 보지 못합니다.

구원은 아기이며, 그것은 자라나서 십자가에 못 박힙니다. 약함 밑에 있는 능력, 파편 밑에 있는 온전함, 패배 밑에 있는 승리, 고통 밑에 있는 영광, 죄책 밑에 있는 순결함, 죄 밑에 있는 신성, 그리고 죽음 밑에 있는 생명을 볼 수 있는 자만이 "내 눈이 주의 구원을 보았습니다"라고 말할 수 있습니다.

우리 시대에 그렇게 말하기는 어렵습니다. 그러나 그것은 늘 어려웠고 앞으로도 그럴 것입니다. 그것은 하나의 신비, 즉 한 아기의 신비였고, 신비이며, 앞으로도 그럴 것입니다. 그리고 세상이 아무리 깊이, 심지어 완전한 자멸에 이르기까지 추락할지라도, 사람들이 존재하는 한, 그들은 이런 신비를 경험할 것이고 "우리가 보는 것을 보는 눈은 복되도다"라고 말할 것입니다.

13

나를 믿는 자는…

⁴⁴예수께서 외쳐 이르시되 나를 믿는 자는 나를 믿는 것이 아니요 나를 보내신 이를 믿는 것이며 ⁴⁵나를 보는 자는 나를 보내신 이를 보는 것이니라 ⁴⁶나는 빛으로 세상에 왔나니 무릇 나를 믿는 자로 어둠에 거하지 않게 하려 함이로라 ⁴⁷사람이 내 말을 듣고 지키지 아니할지라도 내가 그를 심판하지 아니하노라 내가 온 것은 세상을 심판하려 함이 아니요 세상을 구원하려 함이로라 ⁴⁸나를 저버리고 내 말을 받지 아니하는 자를 심판할 이가 있으니 곧 내가 한 그 말이 마지막 날에 그를 심판하리라 ⁴⁹내가 내 자의로 말한 것이 아니요 나를 보내신 아버지께서 내가 말할 것과 이를 것을 친히 명령하여 주셨으니 ⁵⁰나는 그의 명령이 영생인 줄 아노라 그러므로 내가 이르는 것은 내 아버지께서 내게 말씀하신 그대로니라 하시니라   요한복음 12:44-50

"**나를 믿는 자는** 나를 믿는 것이 아니요 나를 보내신 이를 믿는 것이며…"(44절). 이것은 복음서 기자가 백성들과 그들의 지도자들의 불신앙과 어정쩡한 신앙에 대해 격렬하게 불만을 터뜨린 직후 예수께서 하신 말씀입니다. 이 말씀은 "예수께서 외쳐 이르시되…"라는 말씀으로 시작됩니다. 여기서 예수님은 사람들을 이해시키기 위해 거의 필사적으로 애쓰고 계십니다. 그런데 그분이 그렇게 외치며 하시는 말씀은 "나를 믿는 자는 나를 믿는 것이 아니다"라는 것입니다.

당시 불신자들의 주장은 나사렛 예수로서의 나사렛 예수를 믿는 것은 불가능하다는 것이었습니다. 그리고 이것은 모든 시대에 늘 마찬가지입니다. 예수님은 다음과 같이 선언하십니다. "그런 주장은 타당하다. 만약 사람들이 나를 믿으라는 요구를 받는다면, 그들은 그렇게 해서는 안 된다. 그러나 그들은 그런 요구를 받고 있지 않다! 그들은 나를 보내신 분, 즉 나보다 크시고 나와 하나이신 분을 믿으라는 요구를 받고 있는 것이다. 나는 내 자신의 권위로 말하지 않았다." 그분은 계속해서 말씀하십니다. "만약 내가 그렇게 말했다면, 불신자들이 옳다!"

나사렛 예수

과거와 현재를 막론하고 세상에는 여러 가지 권위들이 있습니다. 그렇다면 우리는 왜 어떤 권위는 받아들이고 다른 권위는 받아들이지 않는 것입니까? 왜 우리는 어떤 권위를 받아들이는 것입니까? 인간으로서의 예수님은 권위자도 아니고 신앙의 대상도 아닙니다. 그분의 우월한 자질들 중 그 어느 것도, 즉 그분의 종교적 삶도, 그분의 도덕적 완전함도, 그분의 심원한 통찰도 그분을 신앙의 대상이나 궁극적인 권위자로 만들지 않습니다. 이런 기초 위에서 예수님은 자신이 아무도 심판하지 않는다고 말씀하십니다. 만약 그분이 누군가를 심판하셨다면, 그분은 다른 이들에게 자신과 자신의 위대함을 강요하고, 또 그렇게 함으로써 그들을 구원하는 것이 아니라 오히려 파멸시키는 폭군이 되었을 것입니다.

우리의 설교는 어떻습니까? 우리가 예수님의 이름을 사용할 때 우리는 우리의 청중과 자신에게 하나님 외에 위대한 그 무언가를 강요하려 하지는 않습니까? 우리는 그분을 믿는 것은 그분을 믿는 것이 아님을 늘 분명히 밝히고 있습니까? 만약 그렇게 하지 않고 있다면, 우리는 구원보다는 파괴를 위해 일하고 있는 것 아닐까요?

이것에 대해서는 기독교 화가들이 우리보다 더 잘 알고 있는 듯합니다. 그들은 나사렛 예수로서의 나사렛 예수의 그림을 그리지 않았습니다. 그들은 그분을, 설령 그분이 루터(Luther)가 노래하듯이 "마리아의 무릎에 누워" 계실지라도, 자기 안에 온 우주를 품고 계신 베들레헴의 아기로 묘사했습니다. 그분의 유아적 특성을 통해 세상의 주님의 능력이 빛을 발합니다. 또는 그들은 그분을 굉장한 모자이크 작품들을 통해 가시적인 신적 위엄을 지닌 분으로 묘사했습니다. 그 모자이크들에서 그분의 모든 옷자락은 그분이 대표하고 표현하는 무한한 깊이를 드러낼 만큼 투명합니다. 혹은 그들은 그분을 한 개인으로서가 아니라 고통당하는 우주와 그 고통에 참여하는 하나님의 사랑 모두를 대표하는 자로서 고통을 당하는 십자가에 달리신 분으로 묘사했습니다. 혹은 그들은 그분을 자연의 능력, 사람들의 영혼, 악마적인 질병의 힘, 광기, 그리고 죽음을 통제하시는 새 시대의 초래자(招來者)로 묘사했습니다. 그러나 그들은 그분에게 개인적인 특성을 부여하지 않았고, 그분을 어떤 심리학적 유형이나 사회학적 집단의 대표자로 만들지도 않았습니다.

시스틴 성당(Sistine Chapel, 로마 바티칸 궁전 안에 있는 성당-역주)의 그림들을 살펴보십시오. 미켈란젤로(Michaelangelo)는 모든 선지자들과 무녀(巫女)들에게 특별한 성격을 부여했습니다. 그러나 그는 최후의 심판자로서의 예수님을 그릴 때에는 그분에게서 오직 저항할 수 없는 신적·인적 능력만이 나타나게 했습니다.

우리 시대에 예수님은 전기적이거나 심리학적인 에세이의 대상이 되었고, 광적이거나 신경증적 인물로, 고난 받는 경건한 자로, 사회구제가로, 도덕적 모델로, 종교 교사로, 혹은 대중적인 지도자로 묘사되고 있습니다. 그 과정에서 그분은 우리가 믿을 수 있는 분이 되기를 그쳤습니다. 왜냐하면 만약 우리가 그분을 믿는다면, 그분은 우리가 믿지 않는 분이 되기를 그치기 때문입니다. 그분은 더 이상 그리스도이신 예수님이 아닙니다.

예수 그리스도

우리는 하나님 외에 그 누구에게도 기도해서는 안 됩니다. 만약 예수님이 하나님 외의 그 누구라고 한다면, 우리는 그분에게 기도할 수 없고 해서도 안 됩니다. 우리 중 많은 이들이 예수 그리스도께 기도하는 사람들에게 진심으로 동조하는 방법을 찾지 못하고 있습니다. 우리 안에 있는 무언가가 멈칫거립니다. 그것은 참되고 타당한 두려움입니다. 즉 그것은 우상숭배자가 되는 것에 대한 두려움, 우리의 궁극적 충성에 분열이 일어나는 것에 대한 두려움, 그리고 하나의 거룩한 얼굴

대신 두 개의 얼굴을 바라보는 것에 대한 두려움입니다.

그러나 그분을 보는 자들은 하나님을 보는 것입니다. 두 개의 얼굴은 존재하지 않습니다. 하나님은 예수 그리스도의 얼굴을 통해 자신의 얼굴을 우리에게 비추십니다(민 6:25). 왜냐하면 예수 그리스도의 얼굴에는 나사렛 예수에 불과한, 그리고 다른 것들 곁에 있는 한 개인의 얼굴에 불과한 것은 아무것도 남아 있지 않기 때문입니다. 그분의 얼굴에 나타난 모든 것은 그분을 보내신 분을 투명하게 비춥니다. 그러므로 그리고 오직 그렇기 때문에 우리는 성탄절에 "오라, 우리가 그분께 경배하자" 하고 노래할 수 있는 것입니다.

14

예와 아니요

¹⁹예수 그리스도는 예 하고 아니라 함이 되지 아니하셨으니 그에게는 예만 되었느니라 ²⁰하나님의 약속은 얼마든지 그리스도 안에서 예가 되니

고린도후서 1:19-20

바울은 그의 여행 계획의 변경과 그 변경에 대한 고린도 교인들의 분노를 이용해 예수 그리스도에 대한 심오하고 원대한 주장을 합니다. 즉 그분에게는 늘 "예"(Yes)만 있을 뿐, "예와 아니요"(Yes and No)가 있지 않다는 것입니다. 이 말씀은 우리에게 모든 것은 "예와 아니요"로 이루어진다고 말했던 어느 위대한 개신교 신비가의 말과 진리는 오직 "예와 아니

요"로만 표현될 수 있다고 확신하는 철학자와 신학자들의 말, 그리고 무엇보다도 하나님은 죄인을 의롭게 하신다는 바울 자신의 중심 교리, 즉 그분은 죄인을 향해 과격하게 "아니요" 하고 말씀하시는 동시에 "예" 하고 말씀하신다는 교리를 떠올리게 합니다.

또 바울은 고린도 교인들에게 보낸 그의 두 번째 편지에서 "예와 아니요"에 대해 가장 역설적인 방식으로 말하고 있습니다. "우리는 속이는 자 같으나 참되고 무명한 자 같으나 유명한 자요 죽은 자 같으나 보라 우리가 살아 있고 징계를 받는 자 같으나 죽임을 당하지 아니하고 근심하는 자 같으나 항상 기뻐하고 가난한 자 같으나 많은 사람을 부요하게 하고 아무 것도 없는 자 같으나 모든 것을 가진 자로다"(고후 6:8-10). 이것은 확실히 "예와 아니요"입니다. 그러나 그는 그리스도 안에는 "예와 아니요"가 없다고 말합니다. 정말로 없을까요? 우리는 성금요일에서 부활절로 나아가지 않습니까? 그리고 그것은 그리스도의 가장 깊은 "아니요"와 가장 높은 "예", 다시 말해 그분의 죽음과 삶을 가리키는 것 아닙니까?

결합과 대립

"예와 아니요"(Yes and No) - 확실히 이것은 모든 삶의 법칙입니다. "오직 예"(Yes alone)와 "오직 아니요"(No alone)는 삶의 법칙이 아닙니다! "오직 예"는 자기기만적인 확신이 제공하는 조언(助言)입니다. 그것은 곧 세 가지의 회색 표상들, 즉 공허와 죄책과 죽음으로 나타나는 "아니요"에 의해 흔들리게 됩니다. 그리고 "오직 아니요"는 자기 기만적인 절망이 제공하는 조언입니다. 그것이 자신에게 하는 은밀한 "예"는 자기 격리 속에서 그리고 사랑과 교제의 "예"에 대한 그것의 저항 속에서 분명하게 드러납니다.

더 나아가 "예와 아니요"는 모든 진리의 법칙입니다. "오직 예"와 "오직 아니요"는 진리의 법칙이 아닙니다! "오직 예"는 자신의 제한된 진리를 궁극적 진리라고 주장하는 오만입니다. 그러나 그것은, 광적인 자기 확언을 통해, 그것의 근거에 얼마나 많은 은밀한 "아니요"가 존재하는지를 보여 줍니다. "오직 아니요"는 그 어떤 궁극적 진리도 부인하는 체념입니다. 그러나 그것은, 모든 진리의 말이 갖고 있는 강력한 힘에 맞서는 독선적인 빈정거림을 통해 그것이 거듭 되풀이하는 "아니요" 아래에 자신에 대한 얼마나 강한 "예"가 존재하는지를 보여 줍니다.

삶과 마찬가지로 진리 역시 "예"와 "아니요"를 결합시킵니다. 그리고 "예"와 "아니요" 사이의 무한한 긴장을 용납하는 용기만이 풍성한 삶과 궁극적 진리를 소유할 수 있습니다. 그런 용기는 어떻게 가능한 것일까요? 그것은 삶과 진리의 "예와 아니요"를 넘어서는 "예"가 있기 때문에 가능합니다. 그러나 그것은 우리의 것이 아닌 "예"입니다. 만약 그것이 우리의 것이라면, 설령 그것이 우리의 가장 위대하고 가장 보편적이고 가장 용기 있는 "예"라고 할지라도, 그것은 그것과 대비되는 또 다른 "아니요"를 갖게 될 것입니다.

바로 이것이 그 어떤 신학과 철학도 – 심지어 "예와 아니요"의 신학이나 철학까지도 – 궁극적 진리가 될 수 없는 이유입니다. 그런 신학이나 철학은 그것이 표현되는 순간 또 다른 철학이나 또 다른 신학과 부닥칩니다. "예와 아니요"의 메시지조차 – 그것이 키에르케고르가 말한 것이든, 루터가 말한 것이든, 바울이 말한 것이든 상관없이 – 그것과 맞먹는 "아니요"를 벗어날 수 없습니다.

정복과 초월

그 안에 "예와 아니요"가 아니라 오직 "예"만 존재하는 오직 하나의 실재가 있습니다. 그것은 바로 예수 그리스도입니다. 먼저 그분은 한 인간이 할 수 있는 한 완전하게 "아니요"

아래에 서십니다. 바로 그것이 십자가(Cross)의 의미입니다. 유한한 삶 혹은 유한한 진리의 표현에 불과한 그분의 모든 것이 모든 삶과 모든 진리와 더불어 "아니요" 아래에 섭니다. 그러므로 우리는 그분을 나무랄 데 없는 교사나 모든 일에 적합한 모범으로 받아들이라는 요구를 받지 않습니다.

오히려 우리는 그분 안에서 하나님의 모든 약속이 이루어졌으며 "예와 아니요"를 넘어서는 삶과 진리가 드러났다는 이야기를 듣습니다. 바로 그것이 부활(Resurrection)의 의미입니다. 그분 안에서 나타난 것으로 인해 죽음의 "아니요"는 정복되고 생명의 "예"는 초월됩니다. 죽음의 짝을 이루지 않는 생명과 오류의 짝을 이루지 않는 진리가 그분 안에서 모습을 드러냅니다. 그분은 또 다른 "아니요"가 없는 최종적인 "예"를 보여 주십니다. 바로 이것이 부활절의 메시지요, 기독교의 메시지입니다. 그리고 이것이야말로 모든 유한한 것 – 심지어 모든 종교적인 것과 모든 기독교적인 것 – 안에 있는 "예"와 "아니요" 사이의 무한한 긴장을 견딜 수 있는 용기의 근거입니다.

바울은 기독교인들이 그리스도를 통해 "아멘"(Amen)이라고 말한다는 것을 지적합니다. 우리는 그리스도이신 분을 제외하고 그 어떤 것에 대해서도 "아멘" 하고 말해서는 안 됩니다. "아멘"은 확증을 의미하는 공식적인 언어, 즉 궁극적 확신의 표현입니다. 그리고 자신의 죽음을 정복한 생명, 자신의 오류를 정복한 진리, "예"와 "아니요"를 넘어서는 "예" 외에는 그 어떤 궁극적 확신도 존재하지 않습니다.

바울은 우리에게 그런 확실성을 제공하는 것을 가리킵니다. 그것은 어떤 역사에 대한 보고가 아닙니다. 오히려 그것은 그리스도 – 바울의 말처럼 우리는 그분 안에서 세움을 받고 그분은 우리의 마음에 성령의 보증을 제공해 주십니다 – 에게 참여하는 것입니다. 우리는 삶과 진리의 "예와 아니요"를 견딜 수 있습니다. 왜냐하면 우리는 "예와 아니요"를 넘어서는 "예"에 참여하고 있으며, 그것이 우리 안에 있는 것처럼 우리 역시 그 안에 있기 때문입니다. 우리는 그분의 부활에 참여하는 자들입니다. 그러므로 우리는 "궁극적인 예"(ultimate Yes), 즉 우리의 "예"와 우리의 "아니요"를 넘어서는 "아멘"을 외칠 수 있습니다.

15

누가 내 어머니이며 동생들이냐?

20집에 들어가시니 무리가 다시 모이므로 식사할 겨를도 없는지라 21예수의 친족들이 듣고 그를 붙들러 나오니 이는 그가 미쳤다 함일러라

마가복음 3:20-21

31그 때에 예수의 어머니와 동생들이 와서 밖에 서서 사람을 보내어 예수를 부르니 32무리가 예수를 둘러 앉았다가 여짜오되 보소서 당신의 어머니와 동생들과 누이들이 밖에서 찾나이다 33대답하시되 누가 내 어머니이며 동생들이냐 하시고 34둘러 앉은 자들을 보시며 이르시되 내 어머니와 내 동생들을 보라 35누구든지 하나님의 뜻대로 행하는 자가 내 형제요 자매요 어머니이니라

마가복음 3:31-35

대학에 진학하기 위해 집을 떠나는 이들 대부분에게 그것은 그들이 부모님의 집을 떠나는 첫 번째 경우가 아닙니다. 그러나 그들 모두에게 그것은 그들이 그들 나름의 독립적인 삶을 시작하는 중요한 단계입니다. 이 길 위에서의 모든 발걸음은 그들을 고향과 가족으로부터 점점 더 먼 곳으로 이끌어 갑니다. 열두 살 난 예수님이 성전에서 하셨던 행동에 대한 이야기에서 드러나듯이 독립을 위한 최초의 움직임은 삶의 아주 이른 시기에 일어납니다. 그리고 예수님의 부모들의 근심과 그들이 그분에게 했던 꾸중을 통해 드러나듯이 이런 움직임 중 고통과 비극적인 죄책감 없이 이루어지는 것은 아무것도 없습니다.

그러나 예수님과 그분의 가족 사이의 간격의 깊이는 그분이 공적 활동을 시작하신 후에야 비로소 완전하게 드러났습니다. 우리가 방금 읽은, 또 공관복음서 모두에 기록되어 있는 이야기에서 예수님은 가족 관계를 보다 높은 질서에 속한 관계, 즉 하나님의 뜻을 행하는 사람들의 공동체를 위한 상징으로 사용하십니다.

무조건적인 무언가가 현실의 가족이라는 조건적인 관계 속으로 뚫고 들어와 가족 관계만큼이나 친밀하고 강한, 또 그와 동시에 그것보다 무한히 우월한 공동체를 창조합니다. 이 간격의 넓이는 예수님의 가족이 그분을 붙잡아 집으로 데려가려고 하는 것을 통해 강조됩니다. 그들은 그분의 이상한 행동 때문에 그분이 미쳤다고 생각했던 것입니다. 그리고 이 간격의 넓이는 "아버지나 어머니를 나보다 더 사랑하는 자는 내게 합당하지 아니하다"(마 10:37)라는 그분의 말씀과 "자기 부모와 처자와 형제와 자매와 더욱이 자기 목숨까지 미워하지 아니하면 능히 내 제자가 되지 못한다"(눅 14:26)라는 누가복음의 보다 신랄한 표현을 통해 강하게 드러납니다.

혁명적 메시지

이런 말씀들은 가족 구성원들 사이의 자연적인 관계가 스스로 궁극적인 것이라고 주장할 때마다 신적인 권능을 발휘해 그런 주장을 깨뜨립니다. 이런 말씀들은 오래된 전통과 인습 그리고 그것들의 무조건적인 주장의 굴레를 깨뜨립니다. 또 그것들은 가족의 유대를 그리스도 안에 있는 새로운 현실에 속한 사람들 사이의 유대와 동일한 것으로 만드는 성례전적 율법이나 다른 율법들을 통한 가족의 유대에 대한 신성화(神聖化)를 깨뜨립니다.

가족은 궁극적인 것이 아닙니다! 가족 관계는 무조건적인 것이 아닙니다. 가족의 신성화는 인간 실존의 최종적 목표를 위한 신성화가 아닙니다. 우리는 인간의 종교와 문화 앞에서 이런 말씀들이 얼마나 큰 혁명적 성격을 가질지 상상할 수 있습니다. 기독교 메시지의 급진적 성격을 견디지 못하는 교회들의 지원을 받는 소위 기독교 국가들 안에서 여러 세기 동안 발생해 온 일들에 비추어 볼 때, 우리는 다른 문제들에서처럼 이 문제에서도 이런 말씀들이 얼마나 큰 혼란을 불러일으킬지 상상하기 어렵지 않습니다.

그러나 기독교 메시지는 그것이 갖고 있는 급진적인 성격에도 불구하고 가정의 해체를 요구하지 않습니다. 그것은 가정을 긍정합니다. 다만 그것의 의미를 제한할 뿐입니다. 예수님은 미가의 예언을 취해 "장차 형제가 형제를, 아버지가 자식을 죽는 데에 내주며 자식들이 부모를 대적하여 죽게 하리라"(마 10:21)고 말씀하십니다. 가족 공동체가 그것과 반대되는 것으로 변해버리는 것은 마귀의 권세가 세상을 사로잡는 시대에 속한 일입니다. 그러나 예수님은 그 예언을 인용하신 후 "또 너희가 내 이름으로 말미암아 모든 사람에게 미움을 받을 것이다"(22절)라고 덧붙여 말씀하십니다. 마귀에 의한 가족의 붕괴를 가리키는 것과 동일한 말이 하나님에 의한 그것의 피할 수 없는 붕괴를 묘사하기 위해 사용됩니다. 이것은 가족에 대한 성경의 가르침이 갖고 있는 심원한 모호성입니다.

가족 이미지의 극복

이제 우리 자신의 상황을 살펴봅시다. 우리는 아무런 죄책감 없이 가족과의 유대를 끊을 수 없습니다. 그러나 문제는 이것입니다. 즉 우리가 가족의 굴레로부터 벗어나는 것이 가족의 교제를 악마적으로 붕괴시키고자 하는 고의인가, 아니면 독립과 하나님의 뜻에 대한 이해를 위한 발걸음인가?

우리가 그 질문에 확실하게 대답할 수는 없습니다. 우리는 부모와 형제자매로부터 자유롭게 되는 과정에서 비극적인 죄를 짓지 않을 수 없습니다. 그리고 우리는 그것이 무엇을 의미하며 그것이 얼마나 어려운 일인지 잘 알고 있습니다. 또한 우리는 아무도 일생 동안 자기의 영혼에 상처를 지니지 않고서 그런 일을 할 수 없다는 것을 우리보다 앞선 많은 세대들보다 훨씬 더 잘 알고 있습니다.

우리가 자기 자신이 되기 위해 그들로부터 자유로워져야 할 대상은 실제 부모와 형제자매들에 불과한 것이 아닙니다. 그 대상은 훨씬 더 세련된 그 무엇, 즉 우리가 아주 어린 시절부터 우리의 영혼을 채워왔던 가족들의 이미지입니다. 우리의 실제 부모는, 비록 그것이 기독교 가정들의 일반적인 원칙은 아닐지라도, 우리를 가게 해 줄지도 모릅니다. 그러나 설령 그들이 그렇게 할 만한 지혜를 갖고 있을지라도, 그들의 이미지가 우리로 하여금 어떤 구체적인 상황 속에서 하나님의 뜻 -그 안에서는 사랑과 능력과 정의가 결합됩니다- 을 행하지 못하게 할 수 있습니다. 즉 그들의 이미지가 우리의 인격의 중심을 약화시켜서 우리가 하나님의 뜻을 행할 힘을 얻지 못하게 할 수 있습니다. 또한 그것은 어떤 구체적인 상황과 그것의 요구에 대해 우리의 눈을 가림으로써 우리가 정의를 행하는 것을 가로막을 수도 있습니다.

동일한 일이 형제자매들의 이미지와 관련해서도 일어납니다. 비록 외적인 의미에서는 (부모로부터보다는- 역주) 그들로부터 자유롭게 되는 것이 훨씬 쉬울지라도, 그들은 암암리에 우리와 우리의 삶 전체를 보다 악화시키는 결정을 하도록 이끌 수 있습니다.

그러나 내 말을 오해하지는 마십시오! 반대와 반항이 곧 자유는 아닙니다. 그것들은 자유로 가는 길 위에 있는 피할 수 없는 단계에 불과합니다. 만약 그것들이 보다 앞선 의존의 경우처럼 극복되지 않는다면, 그것들은 또 다른 예속을 만들어냅니다.

어떻게 그런 일이 일어날 수 있습니까? 물론 병리학적 경우들에는, 예수님 자신이 육체적·정신적 질병의 치유자로 행동하셨던 것처럼, 심리요법이 필요합니다. 그러나 그 이상의 것 역시 필요합니다. 가령, 우리에게 궁극적 독립을 제공하는 것에 대한 의존, 부모와 관련된 모든 이미지를 포함하는 동시에 초월하는 것의 이미지, 자신의 삶을 포함해 모든 삶을 미워하는 동시에 사랑할 수 있게 하는 것의 삶 같은 것들이 말입니다.

가족 문제까지 포함해 그 어떤 인간적인 문제도 유한한 차원에서는 해결될 수 없습니다. 이것은, 비록 우리가 하나님의 이미지조차 부모의 이미지에 의해 왜곡될 수 있고 그로 인해 그 이미지가 갖고 있는 구원의 능력이 거의 사라졌다는 사실을 알지라도, 여전히 사실입니다. 이것은 모든 종교의 위험이며 우리의 종교활동이 갖고 있는 심각한 한계입니다. 그러나 그것은 하나님의 한계가 아닙니다. 그분은 우리가 만들어 놓은 그분의 이미지들을 거듭 깨뜨리십니다. 또 그분은 그리스도를 통해서 자신이 우리에게 부모일 뿐 아니라 어린아이가 되신다는 것, 또 그렇기에 자신 안에서 모든 가족의 피할 수 없는 갈등이 극복된다는 것을 보여 주십니다. 어린아이이기도 하신 하나님은 어린아이 이상이신 것처럼 아버지 이상이십니다. 그러므로 우리는 아버지에 대한 우리의 적대감을 그분께 전가하는 일 없이 하늘에 계신 아버지께 기도드릴 수 있습니다. 하나님이 어린아이가 되셨기 때문에 우리가 그분을 "우리의 아버지"라고 부를 수 있는 것입니다.

16

만물이 다 너희 것임이라

¹⁸너희 중에 누구든지 이 세상에서 지혜 있는 줄로 생각하거
든 어리석은 자가 되라 그리하여야 지혜로운 자가 되리라
¹⁹이 세상 지혜는 하나님께 어리석은 것이니

고린도전서 3:18-19

어느날 아침 채플 때 한 설교자가 위의 본문을 설교의 주제로 삼았습니다. 그날 수업시간에 나는 "오늘 아침 설교에 대해 어떻게 생각하십니까"라는 질문이 적힌 쪽지를 받았습니다. 이것은 "바울의 깎아내리는 말 앞에서 철학은 어떻게 성립할 수 있는가"라는 질문이었습니다. 나는 그 질문에 내가 믿기로 바울이 위의 구절에서뿐 아니라 그 구절의 문맥에서

의도했던 것을 해석해 봄으로써 답하려고 합니다.

모두가 우리의 것

바울은 그 논의의 말미에서 우리에게 이해를 위한 실마리를 제공합니다. 그는 다음과 같이 말합니다. "그런즉 누구든지 사람을 자랑하지 말라 만물이 다 너희 것임이라 바울이나 아볼로나 게바나 세계나 생명이나 사망이나 지금 것이나 장래 것이나 다 너희의 것이요 너희는 그리스도의 것이요 그리스도는 하나님의 것이니라"(고전 3:21-23).

앞에서 바울은 "하나님께서 이 세상의 지혜를 미련하게 하신 것이 아니냐"(고전 1:20) 하고 물은 적이 있습니다. 그리고 이제 그는 "바울이나 아볼로나 게바나 세계나 생명이나 사망이나 지금 것이나 장래 것이나 다 너희 것이다"(고전 3:22)라고 외칩니다. 이것은 세상의 모든 지혜 역시 우리의 것이라는 의미입니다. 어떻게 그렇지 않을 수 있겠습니까? 사실 우리는 우리가 고대의 본문들을 이해할 수 있게 해주고, 우리에게 온 세상에 기독교의 메시지를 전파하기 위한 기술적 수단을 제공하고, 교회를 섬기고 보호하는 정치적·교육적·예술적 제도들을 낳고 유지하는 세상의 지혜가 없다면 바울의 말을 읽을 수조차 없었을 것입니다.

그 모든 것은 우리의 것입니다. 그리고 심지어 서로 다른 신학들까지도 우리의 것입니다. 가령 바울의 보다 변증법적(辨證法的)인 신학, 베드로의 보다 의식적(儀式的)인 신학, 그리고 아볼로의 보다 변증적(辨證的)인 신학 모두가 우리의 것입니다. 바울이 싫어하는 형태의 신학이 딱 하나 있는데, 그것은 바로 그리스도를 독점하고 자신을 "그리스도파(派)"라고 부르는 신학입니다.

모든 신학에는 세상의 지혜가 필요하고, 서기관들이 필요하고, 논쟁자들이 필요하고, 철학자들이 필요하고, 모든 사람이 사용하는 언어가 필요합니다. 이 모든 것을 부정하는 것은 불가능합니다. 물론 우리가 자신이 이용하지 않을 수 없는 것을 허튼소리를 하며 깎아내리는 것은 가능합니다. 그러나 신학에서 역사적 연구와 철학적 사유를 활용하는 것을 비난하는 것은 심각한 부정직(不正直)이라고 할 수 있습니다.

일상생활에서 우리는 자기에게 도움을 주는 이들을 헐뜯는 사람을 부정직한 사람으로 여깁니다. 우리는 신학적 작업에서 이런 부정직을 행해서는 안 됩니다. 또 우리는 이 세상의 지혜를 사용하는 것을 피할 수 없습니다. 설령 우리가 "그 안에 내포된 위험을 피하기 위해 그것을 사용하되 많이는 말고 조금만 사용하자"라고 말할지라도, 그것은 소용이 없습니다.

확실히 이것은 바울이 한 말의 의미가 아닙니다. 그는 현재와 미래의 온 세상과 모든 삶-그것의 일부가 아닙니다- 이 "다 너희 것임이라"(고전 3:21)고 말합니다. 바울의 이 중요한 말은 과학적 지식과 그것의 열정, 예술적 아름다움과 그것의 흥분, 정치와 그것이 사용하는 권력, 먹고 마시는 것과 그것의 즐거움, 성적 사랑과 그것의 황홀함, 가족의 삶과 그것의 따스함, 우정과 그것의 친밀함, 정의와 그것의 자애, 자연과 그것의 힘과 편안함, 자연을 능가하는 인간이 만든 세상, 기술 세계와 그것의 매력, 철학과 감히 자신을 지혜에 대한 사랑이라고 부르는 그것의 겸손함과 감히 궁극적 질문을 제기하는 그것의 심원함에 대한 이야기입니다. 이 모든 것들 안에 이 세상의 지혜와 이 세상의 능력들이 들어 있습니다. 그리고 이 모든 것은 우리의 것입니다. 그것들은 우리에게 속해 있고, 우리는 그것들에게 속해 있습니다. 우리는 그것들을 만들고, 그것들은 우리를 실현시킵니다.

우리는 그리스도의 것

"그러나"(But). … 그리고 바울이 말하는 이 "그러나"(틸리히는 RSV 고전 3:23에 나오는 and를 but으로 해석하고 있다- 역주)는 지금까지 말했던 모든 것을 되돌리는 "그러나들"(buts) 중 하나가 아닙니다. 우리의 것인 세계에 대한 이 위대한 "그러나"는 우리의 것인 세계의 토대와 한계를 모두 제공합니다. "그러나 너희는 그리스도의 것이요"(고전 3:23). 즉 우리는 세상의 지혜의 입장에서 본다면 그분이 지신 십자가가 어리석고 약한 것이 될 수밖에 없는 분의 것이라는 말입니다.

이 세상의 그 어떤 지혜도 하나님을 알 수 없습니다. 또 이 세상의 능력은 그 모든 수단을 동원할지라도 결코 하나님께 이르지 못합니다. 만약 그것들이 그런 일을 시도한다면, 그것들은 우상숭배로 이어질 것이고, 우상숭배의 어리석음이라고 부를 수 있는 그들의 어리석음을 드러내게 될 것입니다. 그 어떤 유한한 존재도 세상과 그것의 지혜와 능력을 대표하셨던 분이 십자가에서 부서지셨던 것처럼 부서지지 않고서는 무한한 것에 도달할 수 없습니다. 이것이 십자가의 어리석음과 약함입니다.

십자가는 궁극적인 지혜이며, 그리스도가 이 세상의 지혜와 권능의 또 다른 담지자(擔持者)가 아니라 하나님의 것이 되는 이유입니다. 십자가는 그분을 하나님의 것으로 만듭니다. 그리고 이 어리석음으로부터 우리는 우리의 것인 세상의 지혜 — 심지어 철학까지도 — 를 사용하기 위한 지혜를 얻습니다. 만약 세상의 지혜가 깨지지 않는다면, 그것은 우리를 통제합니다. 만약 그것이 깨진다면, 그것은 우리의 것입니다. "깨지다"라는 말은 축소되거나 약해진다거나 통제된다는 것을 의미하지 않습니다. 오히려 그것은 그것의 우상숭배적인 자기 주장이 밑동에서부터 잘려 나가는 것을 의미합니다.

주어진 모든 것을 긍정하는 바울의 용기, 세상을 향한 그의 개방성, 그리고 삶에 대한 그의 주도권은 교회들은 물론이고 우리 모두를 부끄럽게 만듭니다. 우리는 우리에게 주어진 것을 받아들이기를 두려워합니다. 우리는 우리의 세상으로부터 강박적으로 물러나 있습니다. 우리는 삶을 통제하려 하기보다는 그것으로부터 도망치려 하고 있습니다. 우리는 모든 것이 우리의 것인 양 행동하지 않습니다. 그리고 교회들 역시 마찬가지입니다. 그렇게 된 이유는 우리와 우리의 교회들이 우리가 그리스도의 것이라는 것, 그리고 그리스도의 것이기 때문에 하나님의 것이라는 사실을 바울이 알았던 것처럼 알지 못하기 때문입니다.

17

여호와께로부터 받은 말씀이 있느냐?

21이 선지자들은 내가 보내지 아니하였어도 달음질하며 내가 그들에게 이르지 아니하였어도 예언하였은즉 22그들이 만일 나의 회의에 참여하였더라면 내 백성에게 내 말을 들려서 그들을 악한 길과 악한 행위에서 돌이키게 하였으리라 23여호와의 말씀이니라 나는 가까운 데에 있는 하나님이요 먼 데에 있는 하나님은 아니냐 24여호와의 말씀이니라 사람이 내게 보이지 아니하려고 누가 자신을 은밀한 곳에 숨길 수 있겠느냐 여호와가 말하노라 나는 천지에 충만하지 아니하냐 25내 이름으로 거짓을 예언하는 선지자들의 말에 내가 꿈을 꾸었다 꿈을 꾸었다고 말하는 것을 내가 들었노라 26거짓을 예언하는 선지자들이 언제까지 이 마음을 품겠느냐 그들은 그 마음의 간교한 것을 예언하느니라 27그들이 서로 꿈 꾼 것을 말하니 그 생각인즉 그들의 조상들이 바알로 말미암아 내 이름을 잊어버린 것 같이 내 백성으로 내 이름을 잊게 하려 함이로다 28여호와의 말씀이니라 꿈을 꾼 선지자는 꿈을 말할 것이요 내 말을 받은 자는 성실함으로 내 말을 말할 것이라 겨가 어찌 알곡과 같겠느냐 29여호와의 말씀이니라 내 말이 불 같지 아니하냐 바위를 쳐서 부스러뜨리는 방망이 같지 아니하냐 30여호와의 말씀이라 그러므로 보라 서로 내 말을 도둑질하는 선지자들을 내가 치리라 31여호와의 말씀이니라 보라 그들이 혀를 놀려 여호와가 말씀하셨다 하는 선지자들을 내가 치리라

예레미야 23:21-31

17시드기야 왕이 사람을 보내어 그를 이끌어내고 왕궁에서 그에게 비밀히 물어 이르되 여호와께로부터 받은 말씀이 있느냐 예레미야가 대답하되 있나이다 또 이르되 왕이 바벨론의 왕의 손에 넘겨지리이다

예레미야 37:17

"**여호와께로부터 받은** 말씀이 있느냐?"(렘 37:17). 이것은 사람들이 역사의 모든 시기에 물었던 질문입니다. 이것은 위

기의 순간에 왕들이 물었던 질문입니다. 그들은 제사장과 선지자들에게 그런 질문을 했습니다. 이것은 모든 시대와 장소에서 그리고 불안의 시기에 사람들이 물었던 질문입니다.

사람들은 비범한 남자와 여자들, 즉 종종 비정상적이고 무아경에 빠져 있거나 히스테릭한 사람들로 간주되는 자들에게 이런 질문을 했습니다. 이것은 사람들이 중대한 개인적 결단의 순간에 물었던 질문입니다. 사람들은 자기들에게 특별한 말을 제공하는 성경, 성인(聖人)들, 그리고 자신들의 내적 음성을 향해 이런 질문을 던졌습니다.

신탁과 말씀

우리는 어떻습니까? 우리는 주님의 말씀을 얻기 위해 간구한 적이 없습니까? 확실히 많은 이들이 분명하게 "아니요"라고 대답할 것입니다. 그들은 우리에게 자기들은 늘 경험과 지식과 지혜에 근거한 자신들의 이성적 판단을 사용해 스스로 결정한다고 말할 것입니다. 그들은 우리에게 깊은 인상을 줄 수 있습니다. 그리고 우리는 때로 우리가 주님으로부터 오는 말씀을 구했다고 고백하는 것을 부끄러워할 수도 있습니다. 그러나 우리는 이런 말들이 무엇을 의미하는지 알아보기 전까지 우리의 대답을 보류해 두기로 합시다.

우리는 "여호와께로부터 받은 말씀"이라는 말을 오해하지 말아야 합니다. 그것은 마치 우리가 이성의 권위를 포함해 다른 모든 것이 실패한 후 하늘의 권위를 향해 돌아서는 것을 의미하는 듯 보입니다. 그것은 마치 우리가 섭리의 주님을 향해 그분께서 우리를 위해 개별적으로 그리고 역사 안에서 계획하고 계신 것을 잠시 엿볼 기회를 제공해 주시기를 부탁하는 것을 의미하는 듯 보입니다.

그러나 그런 은혜는 허락되지 않습니다. 선견자들, 황홀경에 빠진 자들, 책들, 그리고 내적 음성들에 의해 주어지는 대답은 대부분 모호하고 여러 가지 해석의 가능성이 있습니다. 따라서 우리는 주님이 주신 말씀을 해석하기 위해 다른 말씀을 요구하게 되고, 그런 상황은 무한히 반복됩니다. 혹은 그런 대답들은 너무나 명백한 것들이어서 우리가 그것들 없이도 가질 수 있는 최상의 지혜들과 일치합니다. 그러므로 나는 반복해서 말합니다. "여호와께로부터 받은 말씀"이라는 말을 오해하지 맙시다. 그것은 우리가 해야 할 일이나 기대해야 할 일을 말해 주는 신탁(神託)의 말이 아닙니다.

그렇다면 그것은 무엇입니까? 그것은 우리가 보통 그 안에서 살아가고 있는 것과는 다른 차원으로부터 들려오는 음성입니다. 그 음성은 우리가 "우리의 세계"라고 부르는 일과 사건들의 차원 속으로 뚫고 들어옵니다. 그것은 우리가 현세의 일들을 전보다 더 성공적으로 해나가도록 도와주지 않습니다. 그것은 어떤 상황에 영향을 주는 요소들에 대한 우리의 지식을 늘려 주지 않습니다. 그것은 우리에게 결단에 대한 책임을 면제해 주지 않습니다.

오히려 그 음성은 어떤 다른 일을 수행합니다. 그것은 우리가 그 안에서 무언가 결단해야 하는 상황을 새로운 차원으로, 즉 궁극적으로 중요하고, 무한한 의미를 가지며, 우리가 그것에 대해 "신적인"이라는 표현을 사용하는 것의 차원의 빛 속으로 고양(高揚)시킵니다.

시드기야 왕의 경우와 예레미야가 맞서 싸워야 했던 거짓 선지자들의 경우가 그러했습니다. 시드기야 왕은 절망적인 상황에서 예레미야를 찾아 왔습니다. 왕은 죄와 실수와 예레미야의 경고에 대한 무시를 통해 그 자신과 그의 백성을 그런 절망적인 상황 속으로 몰아넣었습니다. 왕은 하나님으로부터 말씀을 받지 않았음에도 스스로 "선지자"라고 칭했던 민족주의적 정치가들의 조언을 받아 잘못된 결정을 내렸습니다. 그들은 위협적인 제국들에 의해 둘러싸여 있던 유다의 상황을 신중하게 해석하지 않았습니다. 그들은 참된 예언의 특징인 현실주의를 결여하고 있었습니다. 그들은 정치적 기회와 군사적 계산 너머를 보지 못했습니다.

그렇게 해서 재앙이 닥쳐왔고, 그러자 시드기야는 선지자에게서 위로나 도움이 되는 말을 얻고자 절망적으로 애썼습니다. 그러나 그는 그런 말을 얻지 못했습니다. 감옥에 갇혀 있던 예레미야는 오히려 시드기야가 듣고 싶어 하지 않았던 말을 전했습니다. 즉 그가 바벨론의 왕의 손에 넘겨질 것이고(렘 37:17), 하나님은 그를 구해 주지 않으시리라는 것이었습니다! 그리고 왕은 일이 그렇게 될 것이라고 느꼈습니다!

시드기야는 오늘날의 독재자들이나 민족주의적 폭도들이 하듯이 자신에게 그렇게 비극적인 운명을 예언하는 자를 살해하지 않았습니다. 오히려 그는 그 선지자를 비참한 감옥에서 나오게 했습니다. 그러나 그는 그 상황을 바꾸기 위한 아무런 노력도 하지 않았습니다. 정치적으로 그리고 심리적으로 그렇게 하기에는 너무 늦었던 것입니다. 그리고 그 선지자의 경고, 즉 예레미야가 시드기야와 관련해 "여호와께로부터 받은 말씀"은 무서운 현실이 되었습니다. 그러나 그의 예언은 헛되이 말해진 게 아니었습니다. 그때 이후 그것은 어떤 흥미로운 역사적 보고(報告)로서가 아니라 영원자가 역사적 재앙에 대해 궁극적 의미를 제공하시는 사건으로서 기억되고 있기 때문입니다.

해답이 아닌 용기

구약성경에 기록되어 있는 여호와께로부터 온 여러 가지 말씀들 역시 동일한 특성을 갖고 있습니다. 그 말씀들은 정치적 혹은 군사적 힘을 대체하는 전능(全能)한 통치자의 약속이 아닙니다. 그것들은 전지(全知)한 교사가 건전한 판단들을 대체하면서 전하는 교훈이 아닙니다. 그것들은 하늘의 상담가가 지혜로운 인간의 조언을 대체하면서 전하는 조언이 아닙니다. 오히려 그것들은 그 모든 잠정적인 관심과 통찰들과 함께 우리의 실존 속으로 깨치고 들어오는 궁극적인 무언가의 드러남입니다.

그런 말씀들은 우리의 상황에 무언가를 덧붙이지 않습니다. 오히려 그것들은 우리가 평범하게 살아가고 있는 차원에 어떤 차원을 덧붙입니다. 여호와께로부터 오는 말씀은 우리의 상황의 심연으로부터 들려오는 말씀입니다. 우리는 그것을 그런 말씀을 통해 우리에게 다가오는 우리의 모든 상황의 가장 깊은 의미라고 말할 수도 있을 것입니다. 그리고 우리가 여호와께로부터 오는 말씀을 받을 때 우리를 향해 말하는 것 역시 우리 자신의 상황의 깊이입니다.

직업의 선택이든 배우자의 선택이든 우리가 어떤 중요한 결정을 해야 하는 경우를 상상해 봅시다. 우리는 우리의 결정에 영향을 줄 수 있는 요소들에 대해 알고 있습니다. 또 우리는 우리의 영혼이 이런 요소들과의 관계에서 어떻게 활동하는지에 대해서도 알고 있습니다. 그럼에도 우리는 결정을 내리지 못합니다. 여러 가지 가능성들에 대한 근심이 우리를 불안하게 만듭니다. 우리는 하나, 둘, 혹은 아마도 여러 가지의 가능성들을 알고 있습니다. 우리는 그것들 각각이 초래할 수 있는 여러 가지 혼란스러운 결과들을 의식합니다. 우리는 친구들과 상담가들에게 질문을 합니다. 우리는 스스로에게 조언을 구하기도 합니다. 그러나 결정을 해야 하는 것에 대한 불안은 계속해서 증대됩니다. 그리고 우리의 영혼 안에서 어떤 갈망, 즉 우리를 여러 가지 가능성들에 대한 근심에서 해방시켜 주고 우리에게 참된 것을 향한 용기를 제공해 줄 그 무언가에 대한 갈망이 자라납니다. 바로 그것이 우리의 본문에 나오는 질문입니다. "여호와께로부터 받은 말씀이 있느냐?"

아마도 우리에게는 어떤 대답이 제공되었을 것입니다. 그러나 그것은 선택해야 할 올바른 직업이나 함께 살아야 할 올바른 남자나 여자를 가리켜 주는 신탁의 말이 아니었습니다. 그것은 우리의 상황의 심연에서 울려나오는 한 목소리, 즉 우리의 구체적인 문제들을 궁극적 관점으로 고양시키는 목소리였습니다. 그렇게 하면서 그것은 아마도 우리의 결정에 영향을 주는 어떤 요소들을 평가절하하고 다른 것들을 강조했을 것입니다.

혹은 그것은 여러 가지 가능성들의 균형을 변화시키지 않은 채 우리에게 잘못과 실패 그리고 죄책을 포함해 자신이 내리는 결정에 따르는 모든 위험들을 감수할 용기를 제공했을 수도 있습니다. 여호와께로부터 오는 말씀, 즉 우리의 상황의 심연으로부터 들려오는 음성은 여러 가지 가능성들에 대한 근심을 종식시키고 여러 가지 의심스러운 요소들을 내포하고 있는 현실을 받아들일 수 있는 용기를 제공합니다.

우리 중 어떤 이들은 다음과 같이 말할지도 모릅니다. "만약 여호와께로부터 받은 말씀의 의미가 그런 것이라면, 내가 무언가를 결정해야 할 순간에 그것이 어떻게 나를 도울 수 있단 말인가?" 그러나 당신은 정말로 내가 당신에게 당신을 결정의 짐으로부터 해방시켜 줄 신탁을 얻을 수 있는 곳을 알려 주기를 바라는 것입니까? 물론 당신 안에 있는 약한 것은 그런 것을 바랄 것입니다. 그러나 당신 안에 있는 강한 것은 그것을 거부할 것입니다.

당신에게 말씀을 주시는 여호와께서는 당신이 스스로 결정하기를 바라십니다. 그분은 당신에게 안전한 길을 제공하시지 않습니다. 당신은 잘못 결정할 수도 있을 것입니다. 그러나 만약 당신이 인간은 하나님과의 관계에서 늘 잘못을 저지른다는 사실을 깨닫는다면, 당신의 잘못은 옳은 것이 될 수도 있습니다. 만약 당신이 영원하신 분의 현존 안에서 패배의 위험을 감수한다면, 당신의 그 패배를 통해서 여호와로부터 당신에게 말씀이 주어질지도 모릅니다.

영원의 틈입

이제 아주 다른 상황 하나를 살펴봅시다. 그것은 우리가 중대한 결정을 내려야 할 필요가 없는 상황, 그리고 우리가 매일 내려야 하는 소소한 결정들이 우리에게 큰 근심을 안겨 주지 않는 상황입니다. 그런 상황 속에는 우리의 삶과 안녕(安寧)에 대한 구체적인 위협이 존재하지 않습니다. 우리를 울적하게 만드는 죄책감이나 절망도 존재하지 않습니다. 우리를 쇠약해지게 만드는 의심이나 견딜 수 없는 공허감도 존재하지 않습니다. 극단적인 상황도 존재하지 않습니다.

그렇다면 이것은 여호와의 말씀을 구하고자 하는 갈망이 없다는 것을 의미할까요? 극단적인 상황이 아닌 상황에는 영원한 것의 차원으로부터 오는 말씀이 필요하지 않은 걸까요? 만약 우리의 실존의 터전이 흔들리지 않는다면 하나님은 침묵하시는 걸까요? 이것은 어려운 질문이고, 사람들은 이에 대해 여러 가지 다른 방식으로 대답해 왔습니다! 우리는 이에 대해 어떻게 대답하겠습니까?

나는 어릴 적에 어느 현명한 노인이 나의 할아버지께 하셨던 말씀을 결코 잊지 못할 것입니다. "나는 나에게 큰 기쁨이 주어질 때 감사할 수 있는 누군가가 필요해요." 우리가 이런 경험을 공유할 수 있을까요? 당신은 일시적인 것의 풍성함이나 위대함이나 아름다움을 통해 영원을 느꼈던 순간을 기억하고 있습니까? 나는 우리 중 그런 경험을 전혀 못해 본 사람은 아무도 없으리라고 확신합니다.

그러나 앞에서 우리는 여호와로부터 오는 말씀은 영원이 일시적인 것 속으로 뚫고 들어오는 것이라고 말하지 않았던가요? 확실히 그렇습니다! 그러나 일시적인 것 속으로 뚫고 들어온다는 것은 일시적인 것을 부정한다는 의미가 아닙니다. 우리가 어떤 궁극적 상황 속으로 내몰릴 때마다 이것은 그런 것을 의미할 수 있고 그런 것을 의미합니다. 모든 사람의 삶에는 그런 상황이 존재합니다. 그리고 인간의 비극적인 역사 속에도 종종 그런 상황이 존재합니다.

그러나 영원한 것은 또한 일시적인 것을 긍정하면서, 즉 일시적인 일과 사건들이라는 평범한 정황으로부터 그것의 일부를 고양시켜 그것을 통해 하나님의 영광이 드러나게 하면서 그 속으로 뚫고 들어올 수도 있습니다. 그런 순간들이 없다면 삶은 빈약하고 슬픈 것이 될 것입니다. 그런 삶 속에는 삶의 위대성이 드러나는 창조가 존재하지 않을 것입니다. 그러나 그런 순간들이 존재합니다. 그리고 영원한 것이 그런 순간들을 통해 빛을 발합니다. 그런 순간들이야말로 여호와로부터 우리에게 오는 말씀이 될 수 있습니다.

왜곡과 저항

그러나 여러분 중 어떤 이들은 여전히 다음과 같이 생각할 수 있습니다. "이 모든 것은 당신이 말하는 것처럼 될 수 있어. 하지만 그것은 우리에게 낯설어. 궁극적 상황에서든 위대한 고양의 순간에든 영원한 것이 우리의 일시적 실존 속으로 뚫고 들어온 경우는 없어. 우리는 여호와로부터 오는 말씀을 받은 적이 없어." 아마도 당신은 그 말씀을 듣지 못했을지 모릅니다. 그러나 확실히 그것은 당신에게 "말씀되었습니다." 왜냐하면 여호와로부터 오는 말씀, 즉 "말해진 말씀"(a word that has been spoken)은 늘 존재하기 때문입니다.

인간의 문제는 하나님께서 그에게 말씀을 하시지 않는 것에 있지 않습니다. 하나님은 인간의 얼굴을 지닌 누구에게나 말씀하십니다. 왜냐하면 그것이 그를 인간으로 만들기 때문입니다. 궁극적인 그 무엇, 무한히 중요한 그 무엇을 인식하지 못하는 사람은 인간이 아닙니다. 인간이 인간인 것은 그가 영원한 것의 차원에서 오는 말씀을 받을 수 있기 때문입니다.

문제는 인간이 여호와로부터 오는 그 어떤 말씀도 받지 못한 것이 아니라, 그가 그것을 받았으나 그것을 거부하고 왜곡시키는 것에 있습니다. 이것이 우리 모두가 처한 곤경입니다. 인간의 실존은 그 속으로 수직으로 뚫고 들어오는 것 없이 존재하지 않습니다. 인간은 궁극적으로 중요하고 무한히 의미있는 것의 드러남이 없이 존재하지 않습니다. 그는 여호와께로부터 오는 말씀이 없이 존재하지 않습니다. 그러나 또한 그는 그 말씀을 들어야 할 때나 그것에 대해 말해야 할 경우에 그것에 저항하고 그것을 왜곡하는 일 역시 그치지 않습니다.

모든 기독교인들, 특별히 모든 기독교 목사들은 이 사실을 분명하게 인식해야 합니다. 우리는 우리가 여호와로부터 오는 말씀을 들을 때뿐 아니라 우리가 그것에 대해 말할 때도 그것에 저항하고 그것을 왜곡한다는 것을 말입니다. 우리가 하나님의 말씀에 대한 우리의 메시지가 사람들에게 거부되는 이유를 알아보고자 할 때, 종종 우리는 사람들이 거부하는 것은 우리가 대표하는 말씀이 아니라 우리가 그것을 대표하는 방식이라는 것을 알게 됩니다.

하나님의 말씀을 거부하는 사람들 중 많은 이들은 우리가 그것을 전하는 방식이 그들에게 아무런 의미가 없기 때문에 그것을 거부합니다. 그들은 영원한 것의 차원에 대해 알고 있습니다. 그러나 그들은 우리가 그것에 붙이는 이름들을 받아들이지 못합니다. 만약 우리가 그런 단어들에 집착한다면, 우리는 과연 그들이 여호와로부터 오는 말씀을 받은 것인지 의심할 수도 있습니다. 그러나 만약 우리가 그들을 개인적으로 만나 본다면, 우리는 그들이 그 말씀을 받았다는 것을 알게 됩니다.

존재로서의 말씀

여호와로부터 오는 말씀, 즉 "말해진 말씀"은 늘 존재합니다. 교회는 그 말씀이 어떤 핵심적인 내용을 갖고 있으며, 그것이 "예수 그리스도"라는 이름을 갖고 있다고 믿고 있습니다. 그러므로 교회는 그분의 "말씀"이 아니라 그분의 "존재"를 "하나님의 말씀"(the Word of God)이라고 부릅니다. 교회는 그분의 존재 안에서 영원한 것이 우리에게 단번에 말씀 곧 여호와께로부터 오는 말씀을 주시는 방식으로 일시적인 것을 깨뜨리고 들어왔다고 믿습니다. 교회는 모든 역사에서 그리고 모든 개별적인 삶에서 말해진 여호와께로부터 오는 말씀이 무엇이든 그것이 그 말씀 안에 내포되어 있다고 믿습니다. 그리고 그 말씀은 말들(words)이 아니라 "새로운 실재"(a new reality), 즉 일시적인 것 안에서 그것의 저항과 왜곡을 이겨내는 영원한 것의 실재입니다.

그런데 과연 우리는 여호와로부터 오는 어떤 말씀(a word)이 아니라 그 말씀(the Word)을 갖고 있는 것일까요? 기독교인으로서 우리는 우리가 그것을 갖고 있다고 자랑할 수 있을까요? 정말로 우리가 그렇게 자랑할 수 있을까요? 우리는 사람을 통해 그 메시지를 받지 않았습니까? 또 그 메시지를 들었던 우리는 사람들이 아닙니까? 그리고 이것은 그 메시지가 그것을 말한 사람들의 입을 통해, 또 그것을 들은 우리들의 귀를 통해 전해지는 동안 우리의 세계와 우리의 영혼 속으로 뚫고 들어올 힘을 잃어버린다는 것을 의미하지 않을까요?

그 메시지를 말한 사람들, 즉 모든 시대의 교회와 교회의 종들은 그것을 율법과 전통의 문제 그리고 습관과 관습의 문제로 만들었습니다. 그들은 그 메시지를 우리가 안다고 믿는 무언가로 만들어 그것을 따르고자 했습니다. 그러나 그것은 더 이상 우리의 일상적인 세계 속으로 뚫고 들어오지 못합니다. 그것은 우리의 일상적인 세계의 일부가 되기 때문입니다.

우리의 사역자들은, 우리의 본문에서 예레미야가 맞서 싸우고 있는 선지자들처럼, 여호와로부터 오는 말씀을 간구하고 그것을 얻기 위해 부르짖기를 그쳤습니다. 그들은 자기들이 그 말씀을 자기들의 소유물로 갖고 있다고 주장합니다. 그러나 하나님의 말씀은 결코 소유물이 될 수 없으므로 그들이 하는 말은 여호와로부터 오는 말씀이 아닙니다.

우리는 여호와로부터 오는 말씀을 받았습니다. 그러나 그것은 설교자들의 입에서 왜곡되었고, 그렇기에 듣는 이들의 귀에서, 즉 우리 모두에게서 거부되었습니다. 우리는 그것을 듣습니다. 그러나 그것을 깨닫지 못합니다. 기독교인들로서 우리는 그것을 거부하지 않습니다. 그러나 그것은 목소리를 잃어버렸습니다. 여호와께서 선지자들의 마음에 들려 주셨던 목소리, 성령께서 제자들의 마음에 들려 주셨던 그 목소리를 말입니다.

우리는 전에 말해졌던 말들을 듣습니다. 그러나 우리는 그 말들이 우리의 상황에 대해 그리고 우리의 상황의 깊은 곳으로부터 말하고 있다고 느끼지 않습니다. 심지어 그것들은 고통스러운 의심을 낳고 우리를 내몰아감으로써 우리가 성경과 교회를 통해 하나님의 말씀으로 받았던 것에 맞서서 여호와로부터 오는 말씀을 열정적으로 추구하게 만들 수도 있습니다. 왜냐하면 "지금"(now) 말해지는 말씀 외에 여호와로부터 오는 말씀은 존재하지 않기 때문입니다. 그렇다면 우리는 "지금" 그리고 "우리에게"(to us) 말해지는 그런 말씀을 어떻게 얻을 수 있을까요?

말씀을 얻는 방법

이 질문에 대해서는 오직 한 가지 대답만 존재합니다. 그것은 바로 그 말씀이 우리에게 다가올 때 "자신을 열어둠으로써"라는 것입니다! 이것은 쉬운 일이 아닙니다. 우리는 그것에 저항하려 합니다. 그리고 그것이 우리가 저항하기에는 너무나 강력할 경우 우리는 그것을 왜곡하려 합니다. 우리는 자기 힘으로 빠져나갈 수 없는 상황에 처해 있을 수 있습니다. 그렇게 하기에는 너무 늦었을 수 있습니다. 그렇기에 여호와로부터 오는 말씀은 심판의 말씀으로 다가오고 우리는 그것을 받아들이지 못합니다. 혹은 그 말씀은 우리의 삶과 사고방식에 급격한 변화를 요구할 수 있습니다. 그러나 우리는 그렇게 할 수 없습니다. 그리고 우리는 선하거나 악한, 또는 옳거나 그른 우리의 습관에로 되돌아갑니다. 혹은 우리는 의심과 죄책과 절망의 상태에 있을 수 있습니다. 그리고 말씀이 우리에게 다가와서 우리에게 그리고 우리에 대해 영원한 "예"(Yes)가 말해졌으니 우리가 자신에 대해 "예"라고 말할 수 있다고 말합니다. 그러나 우리는 우리에게 "예"라고 말할 용기를 요구하는 그 말씀에 저항합니다. 왜냐하면 우리는 우리의 의심과 죄책과 절망을 사랑하기 때문입니다.

여호와로부터 오는 말씀에 계속해서 자신을 열어 두기란 쉽지 않습니다. 그리고 아무도 우리에게 우리가 귀를 기울일 방향을 제시해 줌으로써 그 일이 우리에게 쉬운 것이 되게 해줄 수 없습니다. 우리는 우리의 종교적 전통 안에서든, 문화적 산물들 안에서든, 혹은 우리의 영혼의 깊은 곳 안에서든,

그 어느 특정한 곳을 거명할 수 없습니다. 그러나 바로 그런 이유 때문에 그 어떤 장소도 우리가 여호와로부터 오는 말씀을 받는 장소에서 제외되지 않습니다. 그 말씀은 늘 현존하며 늘 우리에게 간파되기를 바라고 있습니다. 그것은 우리를 둘러싸고 있고, 모든 곳에 존재하며, 모든 공간 속으로 들어가려고 하는 공기와도 같습니다. 그것이 지금 이곳에서 들어가려 하는 곳은 우리의 영혼 안에 있는 공간(空間)입니다.

그러므로 마지막 질문은 다음과 같습니다. "당신의 영혼 안에 공간이 있는가? 아니면 모든 곳이 순간적이고 잠정적인, 그리고 제 아무리 중요한 것이 되고자 할지라도 궁극적으로 중요하지 않은 것들로 가득 차 있는가?" 열린 마음이 없이는 우리는 여호와로부터 오는 그 어떤 말씀도 받아들일 수 없습니다. 열린 영혼으로 듣고, 내적 삶에 공간을 유지하고, 영적인 들음에 대해 민감해지는 것 – 그것만이 우리가 할 수 있는 일입니다. 그러나 그것으로 충분합니다. 자신의 정신과 마음을 열어 둔 자들에게는 복이 있습니다!

그러므로 우리의 귀와 마음을 열어둡시다. 그리고 아주 진지하고 열정적으로 자신에게 물어봅시다. "여호와로부터 온 말씀이 있는가? 지금 이곳에 있는 나를 위한 말씀, 그리고 이 순간 우리의 세계를 위한 말씀이 있는가?" 그 말씀은 거기에 있습니다. 그것은 당신에게 오려 하고 있습니다. 그 말씀을 얻기 위해 자신을 열어 두십시오!

18

보는 것과 듣는 것

39예수께서 이르시되 내가 심판하러 이 세상에 왔으니 보지 못하는 자들은 보게 하고 보는 자들은 맹인이 되게 하려 함이라 하시니 40바리새인 중에 예수와 함께 있던 자들이 이 말씀을 듣고 이르되 우리도 맹인인가 41예수께서 이르시되 너희가 맹인이 되었더라면 죄가 없으려니와 본다고 하니 너희 죄가 그대로 있느니라

요한복음 9:39-41

신·구약 성경은 모두 다른 종교 문헌들과 마찬가지로 거듭해서 "보는 것"에 대해 말합니다. "와서 보라"(요 1:46). 어느 제자가 했던 이 말은 선지자들과 사도들의 글 속에서

계속해서 울리고 있습니다. "우리는 보았다." 이것이 복음서와 서신들의 메시지입니다. 종교적 신앙이 증거가 없는 것에 대한 믿음이라는 주장은 사실이 아닙니다. "증거"라는 말은 "속속들이 보는 것"을 의미합니다. 그리고 우리는 "보라"는 요청을 받습니다. 우리는 우리가 보는 것을 제시하게 마련입니다. 그러므로 우리는 우리가 사랑하는 것, 우리에게 의미가 있는 것을 보기를 원합니다.

위대한 하나님의 사람들은 하나님을 보기를 원했습니다. 모세는 그것을 여호와의 모든 은혜 중 가장 큰 것으로 여겼고 하나님께 그것을 요구했습니다. 이사야는 성전에서 하나님을 본 후에 선지자들 중 가장 강력한 자가 되었습니다. 예수님은 마음이 깨끗한 자를 하나님을 볼 자로 묘사하셨습니다. 제4복음서에서 그분은 자신이 하나님을 보았으며, 따라서 자신을 보는 자는 누구나 하나님을 본 셈이라고 말씀하십니다(요 12:45). 종교적인 묘사에서 천사와 성인들은 하나님을 대면하여 보는 자들로 묘사됩니다. 그리고 궁극적 성취와 모든 활동과 노력의 목표는 영원토록 하나님을 보는 것으로 묘사됩니다.

보는 것과 신앙

그러나 우리가 현재 인간이 처한 상황을 바라볼 때 우리에게는 의심과 질문들이 떠오릅니다. 신앙은 비전(vision)의 반대가 아닙니까? 우리는 보지 않고 믿어야 하는 것 아닙니까? 예수님은 "보지 못하고 믿는 자들은 복되도다"(요 20:29)라고 말씀하시지 않았습니까? 신앙은 "보이지 않는 것들의 증거"(히 11:1)라고 정의되지 않습니까? 그리고 바울은 "우리가 믿음으로 행하고 보는 것으로 행하지 아니함이로라"(고후 5:7) 또 "우리가 주목하는 것은 보이는 것이 아니요 보이지 않는 것이니 보이는 것은 잠깐이요 보이지 않는 것은 영원함이라"(고후 4:18)고 쓰지 않았습니까?

이 모든 것은 신앙은 "보는 것"(seeing)이 아니라 "듣는 것"(hearing)에 기초해야 한다고 알려 주는 듯 보입니다. 우리는 보지 못하는 무언가에 대해 듣습니다. 우리는 우리에게 말씀하는 이의 음성을 듣습니다. 우리는 권위 있는 자들의 말을 겸손하게 그리고 순종하며 받아들입니다. 우리는 성경이 말하는 것을 성경이 그것을 말하기 때문에 믿습니다. 우리는 교회가 가르치는 것을 교회가 가르치기 때문에 받아들입니다. 우리는 성경과 교회의 말을 "하나님의 말씀"이라고 부릅니다. 우리는 듣고, 믿고, 순종합니다. 그러나 우리는 보지 않습니다.

과거 여러 세기 동안 교회 안에서는 듣는 것과 보는 것의 종교적 의미와 관련된 싸움이 계속되었습니다. 처음에는 보는 것이 우세했습니다. 그러나 그후에 듣는 것이 중요해졌습니다. 그리고 마지막으로 종교개혁 시기 동안에는 듣는 것이 완전히 승리했습니다. 전형적인 개신교 예배당들은 이런 승리에 대해 증언합니다. 그 건물들은 그림과 조각, 조명과 색유리, 그리고 대부분의 성례전적 행위들이 모두 제거된, 설교를 듣기 위한 넓은 방들입니다. 강단 주위에는 율법과 복음의 말씀을 듣기 위한 방이 있었습니다. 그곳에서 우리의 눈은 묵상하며 쉴 곳을 찾지 못합니다. 듣는 것이 보는 것을 그리고 순종이 비전을 대체했습니다.

보는 것의 중요성

그러나 예수님은 말씀하십니다. "내가 심판하러 이 세상에 왔으니 보지 못하는 자들은 보게 하고"(요 9:39). 또 사도는 말합니다. "우리가 우리 눈으로 보고, 직접 바라본 것을 너희에게 전하노라"(요일 1:1, KJV - 역주). 두 분 다 미래에 관해서가 아니라 그들이 보았고 여전히 보고 있는 무언가에 대해 말하고 있습니다.

확실히 예수님과 바울은, 옛날과 오늘날의 신학자들과는 달리, 보는 것과 듣는 것 사이에 그리고 보는 것과 믿는 것

사이에 어떤 갈등이 있다고 여기지 않았습니다. 사도는 "우리가 보고 들은 바"(요일 1:3)에 대해 말하고, 예수님은 "아들을 보고 믿는 자"(요 6:40)에 대해 말씀하십니다. 그리고 가장 중요하고도 놀라운 것은, 우리의 복음서에 의하면, 우리가 우리의 눈으로 본 것이 "말씀"(the Word), 즉 그분 안에서 하나님이 말씀하시는 "영원한 말씀"(the eternal Word) 혹은 "로고스"(Logos)라는 것입니다. 그리고 그 말씀은 피조물들을 통해서 보일 수 있고 인간 예수 안에서 모습을 드러낸다는 것입니다. 말씀이 보일 수 있습니다. 이것은 듣는 것과 보는 것의 최고의 결합입니다. 그것은 프로테스탄트와 가톨릭의 절반의 진리들을 연결할 수 있는 진리입니다.

보는 것은 우리의 생래적 능력들 중에서도 가장 놀라운 것입니다. 그것은 모든 피조물 중 최초의 피조물인 빛을 받아들입니다. 또 그것은 빛이 그러하듯이 어둠과 혼돈을 정복합니다. 그것은 우리를 위해 질서 있는 세계, 즉 서로와 그리고 우리와 구별되는 사물들을 창조합니다. 보는 것은 우리에게 그것들의 독특한 모양과 그것들이 속해 있는 보다 큰 전체를 알게 해줍니다.

우리가 볼 때마다, 원래의 혼돈의 일부가 피조물로 변화됩니다. 우리는 그것들을 구별하고, 인식하고, 이름을 붙이고, 압니다. "나는 보았다"(I have seen). 이것은 그리스어에서 "나는 안다"(I know)를 의미합니다. 모든 과학은 보는 것에서 출발합니다. 그리고 그것은 늘 보는 것으로 돌아가야 합니다. 우리는 무언가를 직접 보았던 이들에게 묻고 싶어 합니다. 우리는 우리의 눈으로 보기를 원합니다. 오직 인간의 눈만이 미세한 것들 안에 있는 세상과 만물의 우주를 볼 수 있습니다. 그러므로 인간의 눈은 그 범위에 있어서 무한하고 그 능력에 있어서 저항할 수 없습니다. 그것은 창조시의 빛과 동일한 층위(層位)에 있습니다.

그러나 보는 것은 세상의 창조 이상을 의미합니다. 무언가를 볼 때 우리는 우리가 보는 것과 결합됩니다. 보는 것은 일종의 "결합"(union)입니다. 어떤 시가 묘사했듯이, 우리는 무언가를 봄으로써 그것의 색깔과 형태와 힘과 표현들을 들이마십니다(drink). 그것들은 우리의 일부가 됩니다. 그것들은 우리의 외로움이라는 빈곤에 풍요를 제공합니다. 심지어 그것들은 우리가 그것들을 인식하지 못할 때조차 우리 안으로 흘러들어옵니다. 그러나 때로 우리는 그것들을 인식하고 환영하고 더 많은 것을 갈망합니다.

그러나 모든 "봄"(seeing)이 이런 결합의 성격을 갖고 있는 것은 아닙니다. 만약 우리가 단지 그것들을 통제하고 이용하기 위해 어떤 사물들을 보고 관찰한다면, 거기에는 아무런 참된 결합도 일어나지 않습니다. 우리는 그것들과 거리를 유지합니다. 우리는 그것들을 우리의 통제하에 두고 우리의 목적을 위한 수단으로 삼아 이용하려고 합니다.

이런 식의 봄 안에는 사랑이 존재하지 않습니다. 우리는 우리를 섬기게 될 존재를 차갑게 흘끗 바라볼 뿐입니다. 그때 우리는 우리가 이용하는 것들을 호기심거리로 삼아, 무관심하게, 감각적으로, 공격적으로, 적대적으로, 혹은 잔인하게 바라볼 뿐입니다. 그때 우리가 이용하는 것들을 바라보는 것에는 학대가 존재합니다. 그것은 해치고 분리시키는 봄입니다. 이것은 중세 회화(繪畵)에서 십자가에 달리신 분을 바라보고 있는 군중들의 봄입니다. 그러나 이런 식의 봄조차 결합을 만들어냅니다 – 비록 분리를 통한 결합이기는 하지만 말입니다.

보는 것을 넘어서

그러나 참으로 결합시키는 봄은 다릅니다. 우리의 언어에는 그것을 위한 단어가 하나 있습니다. 그것은 "직관"(intuition)이라는 단어입니다. 직관은 "들여다(into) 본다"는 뜻입니다. 이것은 친밀한 봄, 붙듦, 그리고 붙들림입니다. 이것은 사랑에 의해 형성되는 봄입니다.

그의 비전과 말을 통해 제4복음서와 교회에 깊은 영향을 주었던 고대의 교사 플라톤(Plato)은 결합시키는 봄에 대해 알고 있었습니다. 그는 우리를 참된 직관에로 이끌어가는 사랑을 "빈곤과 풍요의 아이"(child of poverty and abundance)라고 불렀습니다. 즉 그것은 우리의 결핍을 세상의 풍요로 채우는 사랑입니다. 그러나 그 사랑은 우리를 그런 식으로 채워주기 때문에 우리가 마지막으로 보는 것은 분열된 군중이 아닙니다. 그런 모습은 우리 자신을 분열시키기도 합니다. 우리가 보는 마지막 것은 "결합시키는 것"(that which unites), 즉 일시적인 것들의 안과 위에 있는 "영원한 것"(that which is eternal) 안에 있습니다. 플라톤은 자신을 따르는 이들을 이런 광경 안으로 이끌기를 원했습니다.

이것은 우리를 보는 것의 또 다른 특징, 아마도 그것의 가장 중요한 특징으로 이끌어갑니다. 우리는 우리가 보는 것만을 보는 것이 아닙니다. 우리는 늘 그것과 더불어 그리고 그것을 통해서 다른 무언가를 봅니다! 보는 것은 창조하고 결합시키며, 무엇보다도 보는 것 그 자체를 넘어섭니다. 우리가 어떤 돌을 볼 경우, 우리가 직접 보는 것은 우리 쪽을 향해 있는 그 돌의 한 면의 색깔과 형태뿐입니다. 그러나 우리는 그 제한된 표면을 "갖고서 그리고 그것을 통해서"(with it and through it) 그 돌 전체의 둥글기와 외모와 크기와 구조를 인식합니다. 우리는 우리가 보는 것 이상을 봅니다.

우리가 어떤 동물을 볼 경우, 우리가 직접 보는 것은 그 동물의 피부의 색깔과 형태뿐입니다. 그러나 우리는 그것을 갖고서 그리고 그것을 통해서 그 동물의 피부를 통해 드러난 것뿐 아니라 그것에 의해 가려져 있는 그 동물의 근육의 강도와 힘 그리고 그것의 내적 갈구를 인식합니다. 우리는 그 동물이 갖고 있는 반점들이 아니라 살아 있는 한 존재를 보는 것입니다.

우리가 어떤 사람의 얼굴을 볼 경우, 우리는 그의 얼굴의 윤곽과 음영을 봅니다. 그러나 우리는 그것을 갖고서 그리고 그것을 통해서 어떤 독특하고 비교할 수 없는 한 인격체를 보게 됩니다. 그 인격은 그의 얼굴에서 드러나며, 그의 성격과 운명은 그의 얼굴에 우리가 이해할 수 있는 또 우리가 그것을 통해 그의 미래에 대한 무언가를 읽어낼 수도 있는 어떤 흔적을 남겨 놓습니다. 우리는 한 사람의 얼굴의 색깔과 형태와 움직임을 갖고서 그리고 그것들을 통해서 친근함과 냉담함, 적대감과 헌신, 분노와 사랑, 슬픔과 기쁨을 읽어냅니다. 누군가의 얼굴을 들여다 볼 때, 우리는 우리가 보는 것보다 훨씬 더 많은 것을 봅니다. 심지어 우리는 우리가 보는 것을 넘어서 새로운 깊이를 들여다보기도 합니다.

여기에서 다시 우리의 언어가 도움을 제공합니다. "묵상"(con-templation)이라는 단어가 있습니다. 묵상이란 성전(temple), 즉 거룩한 영역, 사물의 깊은 뿌리, 그리고 그것의 창조적인 근거 속으로 들어가는 것을 의미합니다. 그 속에서 우리는 우리가 진(眞)・선(善)・미(美)라고 부르는 신비한 능력들을 봅니다. 우리는 진・선・미 자체를 볼 수 없고, 오직 사물과 사건들을 통해서만 그것들을 볼 뿐입니다. 우리는 장미의 모양과 별들의 움직임과 친구의 이미지를 갖고서 그리고 그것들을 통해서 진・선・미를 발견합니다. 우리는 그것들을 볼 수 있습니다.

영적 맹인들

그러나 우리가 그것들을 보는 것은 필연적인 것이 아닙니다. 우리는 우리의 눈을 감아버릴 수 있습니다. 우리는 맹인이 될 수 있습니다. 어떤 이들은 현재의 느낌 이상의 그 어떤 아름다움에 대해서도 눈이 멀어 있습니다. 어떤 이들은 정확한 관찰과 계산 이상의 그 어떤 진리에 대해서도 눈이 멀어 있습니다. 어떤 이들은 유용함 이상의 그 어떤 선에 대해서도 눈이 멀어 있습니다. 그리고 어떤 이들은 이런 능력들의 결합이자 우리가 "거룩하다"고 부르는 그 어떤 근거에 대해서도 눈이 멀어 있습니다. 그것은 우리가 만물을 갖고서 그리고 만물을 통해서 볼 수 있는 마지막 것, 즉 궁극적인 것입니다. 그리고 그렇기 때문에 그것은 모든 보는 것의 끝입니다. 그것은 빛 그 자체이며, 따라서 그것은 우리의 눈에는 어두움입니다. 우리는 오직 이런 "갖고서 그리고 통해서"만, 즉 사물과 사람 그리고 사건과 이미지들을 통해서만 무언가를 볼 수 있습니다.

동시에 일어나는 이런 "봄"과 "보지 않음"을 우리는 "신앙"(faith)라고 부릅니다. 아무도 하나님을 볼 수 없습니다. 그러나 우리는 무언가를 "갖고서 그리고 통해서" 그분을 볼 수 있습니다. 여기에서 보는 것과 듣는 것 사이의 갈등이 끝납니다. 말씀은 우리가 어디를 보아야 하는지를 알려 줍니다. 그리고 무언가를 보았을 때 우리는 우리가 본 것과 들은 것을 선포합니다. 우리가 "신앙"이라고 부르는 상태에서는 소리와 영상이 결합됩니다. 그리고 아마도 바로 그것이 "거룩한" 것이 다른 어느 매개물을 통해서보다도 음악을 통해서 잘 표현되는 이유일 것입니다. 음악은 그 둘, 즉 말과 이미지 모두에 날개를 달아줍니다. 그리고 그 둘 모두를 초월합니다.

그러나 우리는 우리의 비상(飛上)으로부터 인간의 상황의 낮은 곳으로 다시 불려 내려옵니다. 우리의 복음서는 우리 모두를 "맹인"이라고 부릅니다. 예수님은 우리가 자신이 본다고 믿고 있고 또 자신이 맹인이라는 것을 알지 못하기 때문에 우리가 맹인이라고 말씀하십니다. 또 그분은 만약 우리가 계속해서 본다고 주장한다면 더 큰 눈 멈의 상태 속으로 던져지리라고 위협하십니다. 문제는 우리가 도대체 어디에서 모든 존재의 근거를 들여다 볼 수 있고 보게 될 것인가, 또 누가 우리의 묵상을 성전 속으로, 즉 거룩한 것 그 자체 속으로 이끌어갈 수 있는가 하는 것입니다.

우상들

보는 것은 우리에게 세계, 즉 다양한 것들의 질서와 결합을 제공해 줍니다. 그러나 우리는 이 질서 안에서 무질서를 보고, 이 결합 안에서 세계 자체를 파괴하려 하는 그리고 혼돈이라는 낡은 어두움을 다시 불러올 것처럼 위협하는 갈등을 봅니다. 또한 이런 질서와 혼돈은 서로 너무 잘 섞여 있기 때문에 종종 우리는 삶의 근거와 의미를 잃어버린 채 현기증을 느끼고 계속해서 눈을 감아 버리고 싶어 합니다.

보는 것은 우리를 우리가 보는 것과 결합시킵니다. 그러나 우리는 우리가 결합하고 싶어 하지 않고, 무관심하고 적대적인, 또 그것들 역시 우리에게 무관심하고 적대적인, 그리고 모든 바라봄이 미움을 통해서라도 서로를 결합시키기 때문에 바라보기조차 싫은 너무나 많은 사물들과 존재들을 봅니다.

우리가 보고 싶어 하지 않는 것은 우리 자신일 수도 있는데, 그것은 우리가 우리 자신의 이미지를 불쾌하게 여기기 때문이며, 또 우리가 그것을 본다면 그것을 증오하게 되기 때문입니다. 우리는 사랑이 아니라 미움 안에서 자신과 결합되어 있습니다. 그리고 우리는, 오이디푸스(Oedipus)가 그랬던 것처럼, 처음에는 보아야 할 것을 보지 못했던, 그리고 이제는 보아야 하는 것을 보는 것을 견디지 못하는 자신의 눈을 뽑아버리고 싶어 할 것입니다. 종종 우리가 보지 못함이라는 빈곤을 찬양하는 것은 우리가 보고 싶어 하는 것과 보고 싶어 하지 않는 것이 너무나 뒤섞여 있기 때문이 아닙니까? 봄이란 존재들과 더불어 그리고 그것들을 통해서 그것들의 깊이와 선함과 진실을, 그리고 그것들의 거룩한 근거를 들여다보는 것입니다.

그러나 과연 어떤 존재와 이미지들이 우리를 이런 성전으로 이끌어갈까요? 예수님이 "맹인"이라고 부르셨던 자들은 자기들이 성전과 성소와 지성소에 이르는 길을 안다고 믿었습니다. 세상에 존재하는 수많은 성전들은 그 안에 우리가 그것들과 더불어 그리고 그것들을 통해서 하나님을 볼 수 있는 사물과 이미지들을 갖고 있습니다. 그러나 우리가 보는 것들은 우상들입니다. 그것들은 매혹적이고, 두렵고, 유혹적인 아름다움과 파괴적인 능력에 있어서 압도적이고, 성취될 수 없는 것을 요구하고, 주어질 수 없는 것을 약속하고, 동시에 높이기도 하고 낮추기도 하는 것을 제공합니다. 이런 일은 그것들이 우리를 자기들에게 견고히 붙들어 두고 우리를 자기들 너머로 이끌지 않기 때문에 일어납니다.

우리의 눈은 그것들에게, 그리고 종종 그것들이 발휘하는 혹은 우리를 사로잡기 위해 이용하는 악마적인 매혹에 얽매여 있습니다. 우리는 그것들에 대해 묵상합니다. 우리는 그것들의 성전 안으로 들어갑니다. 우리는 공허해지고, 절망하고, 부서진 채 그것들을 떠납니다. 바로 이것이 보는 것이 갖고 있는 큰 시험입니다. 바로 이것이 듣는 것이 보는 것과 맞서게 되는 이유입니다. 바로 이것이 교회에서 이미지들이 거듭 파괴되고, 모든 이미지들이 금지되고, 성전들이 불타고, 하나님이 "무한한 공허"(Infinite Void)라고 불렸던 이유입니다. 그러나 이것이 마지막 말이 되어서는 안 됩니다. 공허는 빛이 될 수도 있고 어두움이 될 수도 있습니다. 그리고 우리는 생명이며 비전인 빛을 원합니다.

우상을 넘어서

예수님 역시 우상, 즉 매력적인 동시에 파괴적인 민족적·종교적 영웅이 될 수 있었을 것입니다. 제자들과 군중이 그에게 원했던 것이 바로 그것이었습니다. 그들은 그분을 보았고, 그분을 사랑했고, 그분과 더불어 그리고 그분을 통해서 선한 것과 참된 것과 거룩한 것 자체를 보았습니다. 그러나 그들은 보는 것의 유혹에 넘어갔습니다. 그들은 그 어떤 죽을 존재와 더불어 그리고 그것을 통해서 하나님이 드러나게 하려면 희생되어야 할 것에 집착했습니다. 그리고 예수님이 자신을 희생하셨을 때, 그들은 자기들의 이미지와 우상이 파괴된 사람들처럼 절망하며 얼굴을 돌렸습니다.

그러나 그분은 또한 강하셨습니다. 그분은 그들의 눈을 다시 자신에게, 그러나 이번에는 십자가에 달리신 자신에게로 돌리셨습니다. 그리고 이제 그들은 그 모습을 견딜 수 있었습니다. 왜냐하면 그들은 그분과 더불어 그리고 그분을 통해서 참으로 하나님이신 분을 보았기 때문입니다. 그를 보았던 사람은 "성부"(the Father)를 본 셈입니다. 이것은 십자가에 달리신 분에게만 해당됩니다. 그러나 그분에게 이것은 사실입니다.

물론 그분은 우리가 직관과 묵상을 통해 보는 유일한 대상이 아닙니다. 우리는 어떤 이들이 하듯이 그분을 바라보지 않아도 됩니다. 우리는 어떤 이들이 하듯이 그분을 위해 모든 것을 외면하지 않아도 됩니다. 우리는 어떤 이들이 하듯이 그분의 창조의 풍성함을 포기하지 않아도 됩니다. 우리는 어떤 이들이 하듯이 우리가 보는 것과의 결합을 거부하지 않아도 됩니다. 그러나 우리는 모든 것과 더불어 그리고 모든 것을 통해서 예수님이 그곳에 이르는 길을 보여 주신 심연을 바라보아야 합니다. 우리는 우리를 최종적인 심연에서 떼어내 자신에게 붙들어두려고 하는 것들로 인해 방해받지 않고서 그 속을 들여다보게 될 것입니다.

그리고 만약 우리가 온갖 무질서와 증오와 분리와 악마적인 파괴로 가득 찬 이 세상의 삼라만상을 바라보는 일에 지친다면, 또 만약 우리가 신적 근거로부터 나오는 눈을 멀게 하는 빛을 들여다볼 수 없다면, 우리의 눈을 감읍시다. 그러면 우리는 무한한 인간적인 깊이를 가진, 또 그렇기에 신적 능력과 사랑을 가진 눈으로 우리를 바라보는 누군가의 모습을 보게 될 것입니다. 그리고 그 눈은 우리에게 말할 것입니다. "와서 보라."

19
기도의 역설

26이와 같이 성령도 우리의 연약함을 도우시나니 우리는 마땅히 기도할 바를 알지 못하나 오직 성령이 말할 수 없는 탄식으로 우리를 위하여 친히 간구하시느니라 27마음을 살피시는 이가 성령의 생각을 아시나니 이는 성령이 하나님의 뜻대로 성도를 위하여 간구하심이니라

로마서 8:26-27

"**말할 수 없는 탄식으로** 우리를 위하여 친히 간구"(26절)하시는 성령에 대한 로마서의 이 구절은 바울이 한 말들 중에서도 가장 신비로운 말에 속합니다. 그것은 기도의 방법을 아는 사람의, 또 그 방법을 알기에 자신이 기도하는 법을 알지

못한다고 말했던 사람의 경험을 표현합니다. 사도의 이런 고백을 근거로 우리는 자기가 기도하는 방법을 아는 것처럼 행동하는 자는 실제로는 기도하는 법을 전혀 모르고 있다는 결론을 이끌어낼 수도 있을 것입니다.

우리는 우리의 일상적 경험에서 이런 결론을 위한 여러 가지 증거를 찾아낼 수 있습니다. 목회자들은 모든 경우에 공적으로 기도하는 일에 익숙합니다. 그들은 어떤 경우에는 자연스럽게 기도를 드리지만, 다른 경우에는 다만 인위적으로 그리고 썩 내키지 않는 마음으로 그렇게 합니다. 기도를 드려야 할 올바른 시간과 그렇게 하지 말아야 할 올바른 시간을 아는 것은 중요합니다. 이것은 바울이 말하고자 하는 것과는 조금 비껴난 말이지만 꼭 필요한 경고입니다. 특히 목회자들과 교회의 리더의 위치에 있는 평신도들에게 해당되는 경고입니다.

기도의 불가능성

다음으로 바울이 제기했던 문제의 핵심에 접근해 봅시다. 두 가지 형태의 기도가 있습니다. 하나는 고정된 "전례기도"(liturgical prayer)이고, 다른 하나는 "자유롭고 자발적인 기도"(free spontaneous prayer)입니다. 두 가지 다 "우리는 마땅히 기도할 바를 알지 못한다"(26절)는 바울의 확언의 진실성을 보여 줍니다. 전례기도는 종종 기계적인 기도, 혹은 이해할 수 없는 기도, 혹은 그 두 가지 모두가 됩니다. 교회의 역사는 주님이 가르치신 기도의 운명 역시 마찬가지라는 것을 보여 줍니다. 바울이 우리가 기도하는 법을 알지 못한다고 썼을 때, 그는 분명히 "하늘에 계신 우리 아버지"로 시작하는 주기도문을 알고 있었을 것입니다. 우리가 예수님이 제자들에게 주셨던 기도의 모범으로부터 전례기도를 만들어낼지라도 그것은 우리가 기도하는 법을 안다는 증거가 되지 못합니다.

고전적인 기도문을 사용하는 예전적인 교회들은 자기들이 우리 시대의 사람들이 가능한 한 솔직하게 기도하게 하는 것을 방해하고 있지나 않은지 자문해 보아야 합니다. 또 교인들에게 언제라도 기도를 드릴 자유를 제공하고 있는 비예전적인 교회들은 자기들이 불경한 기도를 드리면서 기도의 신비를 제거하고 있지나 않은지 자문해 보아야 합니다.

이제 바울의 생각의 핵심에 접근해 봅시다. 기도하기에 적합한 시간에 기도하든 그렇지 않든, 또 형식적인 기도를 드리든 자발적인 기도를 드리든, 우리에게 정말로 중요한 문제는 "과연 우리에게 기도가 가능한가" 하는 것입니다.

바울에 따르면, 그것은 인간적으로는 불가능합니다. 우리는 기도할 때 이 사실을 잊지 말아야 합니다. 즉 기도할 때 우리는 인간적으로 불가능한 무언가를 하고 있는 것입니다. 우리는 다른 누군가가 아니라 자신보다 우리와 더 가까이 계신 누군가에게 말하고 있는 것입니다. 우리는 결코 우리가 하는 말을 듣는 대상(object)이 되실 수 없는 누군가에 말하고 있는 것입니다. 왜냐하면 그분은 언제나 행동하고 언제나 창조하면서 언제나 주체(subject)가 되시기 때문입니다. 기도할 때 우리는 우리가 그분에게 아뢰는 말뿐 아니라 그런 의식적인 말을 키워내는 우리의 모든 무의식적인 성향들까지 알고 계시는 분에게 무언가를 말하고 있는 셈입니다. 바로 이것이 기도가 인간적으로는 불가능한 것이 되는 이유입니다.

자신에게 간구하시는 하나님

이런 통찰로부터 바울은 올바른 기도가 무엇인가에 대한 신비로운 해답을 제시합니다. 그것은 우리가 하나님께 기도할 때 우리를 통해 기도하시는 분은 바로 하나님 자신이라는 것입니다. 우리 안에 계시는 하나님 자신 — 바로 그것이 "성령"(Spirit)의 의미입니다. 성령은 우리를 흔들고, 우리에게 영감을 불어넣고, 우리를 변화시키는 능력을 갖고서 우리 안에 임재하시는 하나님을 표현하는 다른 말입니다.

우리 안에 있으나 우리 자신이 아닌 무언가가 우리를 위해 하나님께 간구하십니다. 우리가 아무리 강렬하고 빈번하게 기도를 드릴지라도, 우리는 하나님과 우리 사이의 간격을 메우지 못합니다. 하나님과 우리 사이의 간격은 오직 하나님 자신에 의해서만 메워질 수 있습니다. 그런 까닭에 바울은 "우리를 위해 자기 자신 앞에서 간구하시는 하나님"이라는 역설적인 표현을 제공합니다.

이런 상징은, 하나님과 관련된 모든 상징들과 마찬가지로, 문자 그대로 취할 경우 터무니없게 보입니다. 그런 상징들은 우리가 그것들을 상징으로 여길 경우에만 심원한 것이 됩니다. 우리를 위해 자신 앞에서 간구하시는 하나님이라는 상징은 우리가 우리 자신에 대해 의식하는 것보다 하나님께서 우리를 더 잘 알고 계시다는 뜻입니다. 그분은 우리의 "마음을 살피시는"(27절) 분입니다.

이것은 우리가 자랑할 수 있는 오늘날의 통찰, 즉 의식의 작은 빛은 무의식적 충동과 이미지라는 커다란 기초 위에서 솟아오른다는 통찰을 예기(豫期)하는 말입니다. 그러나 만약 그렇다면, 우리의 영혼 깊은 곳에 있는 것들을 알고 계신 유일한 분이신 하나님 외에 그 누가 우리의 전 존재를 하나님

앞으로 이끌어갈 수 있겠습니까?

하나님의 행위로서의 기도

이것은 또 우리가 기도에 대한 바울의 설명 중 가장 신비로운 부분, 즉 성령이 "말할 수 없는 깊은 탄식으로 간구하신다"(26절)는 말을 이해하도록 도와 줄 것입니다. 모든 기도는 인간적으로 불가능하기에, 또 그것은 우리의 존재의 의식의 층보다 더 깊은 층을 하나님 앞으로 이끌어가기에, 말로는 표현될 수 없는 무언가가 그 안에서 일어납니다. 기도의 핵심은 우리의 의식적 삶에 의해 그리고 그런 의식적인 삶에서 만들어지는 "우리의 말"(our words)이 아닙니다. 기도의 핵심은 우리 안에서 역하사시고 우리의 전 존재를 자신에게까지 끌어올리시는 "하나님의 행위"(the act of God)입니다.

바울은 이런 일이 일어나는 방식을 "탄식"(26절)이라고 부릅니다. 탄식은 피조물로서의 우리의 실존의 약함에 대한 표현입니다. 우리는 오직 말 없는 탄식을 통해서만 하나님께 다가갈 수 있습니다. 그리고 이런 탄식조차 우리 안에서 행하시는 하나님의 역사(役事)입니다.

이것은 마지막으로 기독교인들이 자주 제기하는 질문, 즉

"하나님과의 관계에서 가장 적합한 기도란 무엇인가"라는 질문에 대답합니다. 그것은 감사기도일까요, 간청기도일까요, 중보기도일까요, 고백기도일까요, 아니면 찬양기도일까요? 바울은 그런 구분을 하지 않습니다. 그런 구분은 말과 관련되어 있습니다. 그러나 우리 안에서 일어나는 성령의 탄식은 말로 표현하거나 기도의 종류들을 통해 구분하기에는 너무 깊습니다. 영적인 기도는 하나님의 능력을 힘입어 하나님을 향해 올라가는 고양(高揚)입니다. 그리고 그것은 모든 형태의 기도들을 포괄합니다.

마지막으로 자신이 기도에 적합한 말을 찾을 수 없다고 느끼면서 하나님을 향해 침묵하고 있는 자들을 위해 한 말씀 드리겠습니다. 그것은 그들 안에 성령이 계시지 않기 때문일 수 있습니다. 또한 그것은 침묵의 기도일 수도 있습니다. 즉 말로 표현하기에는 너무 깊은 탄식일 수 있습니다. 그렇다면 사람의 마음을 살피시는 분께서 그 기도를 아시고 들으실 것입니다.

제3부

실현으로서의 새로운 존재

The New Being as Fulfillment

"그분은 우리의 타이밍을 통해서 허무의 시간을
성취의 시간으로 고양시키십니다."

20

기쁨의 의미

¹여호와께서 시온의 포로를 돌려 보내실 때에 우리는 꿈꾸는 것 같았도다 ²그 때에 우리 입에는 웃음이 가득하고 우리 혀에는 찬양이 찼었도다 그 때에 뭇 나라 가운데에서 말하기를 여호와께서 그들을 위하여 큰 일을 행하셨다 하였도다 ³여호와께서 우리를 위하여 큰 일을 행하셨으니 우리는 기쁘도다 ⁴여호와여 우리의 포로를 남방 시내들 같이 돌려 보내소서 ⁵눈물을 흘리며 씨를 뿌리는 자는 기쁨으로 거두리로다 ⁶울며 씨를 뿌리러 나가는 자는 반드시 기쁨으로 그 곡식 단을 가지고 돌아오리로다

시편 126편

²⁰내가 진실로 진실로 너희에게 이르노니 너희는 곡하고 애통하겠으나 세상은 기뻐하리라 너희는 근심하겠으나 너

희 근심이 도리어 기쁨이 되리라 ²¹여자가 해산하게 되면 그 때가 이르렀으므로 근심하나 아기를 낳으면 세상에 사람 난 기쁨으로 말미암아 그 고통을 다시 기억하지 아니하느니라 ²²지금은 너희가 근심하나 내가 다시 너희를 보리니 너희 마음이 기쁠 것이요 너희 기쁨을 빼앗을 자가 없으리라

요한복음 16:20-22

¹¹내가 이것을 너희에게 이름은 내 기쁨이 너희 안에 있어 너희 기쁨을 충만하게 하려 함이라

요한복음 15:11

성경은 "기뻐하라"는 권면들로 가득 차 있습니다. 바울이 빌립보 교인들에게 했던 "내가 다시 말하노니 기뻐하라"(빌 4:4)는 말은 성경적 신앙의 한 요소를 대표합니다. 성경 인물들에게 기쁨의 부재는 하나님과의 분리의 결과였습니다. 그리고 기쁨의 현존은 하나님과의 재결합의 결과였습니다.

"기쁨"은 요구됩니다. 또한 그것은 제공될 수 있습니다. 그러나 그것은 우리가 갖고 있는 어떤 것이 아닙니다. 그것을

얻기란 쉽지 않습니다. 그것은 진기하고 값진 것이며 늘 그러했습니다. 그것은 기독교인들 사이에서도 늘 어려운 문제였습니다. 기독교인들은 모든 피조물에게 자연적으로 주어지는 "삶의 기쁨"(joy of life)을 파괴한다는 비난을 받아 왔습니다. 오늘날의 기독교의 가장 큰 적인 니체(Friedrich Nietzsche)는 그 자신이 개신교 목사의 아들이었는데 다음과 같은 비꼬는 말로써 예수님에 대한 그의 판단을 드러내 보였습니다. "그의 제자들은 구속 받은 티를 좀더 많이 내야 한다."

우리는 이런 말들이 갖고 있는 통렬한 힘에 굴복해야 합니다. 그리고 스스로에게 다음과 같이 물어야 합니다. "우리가 기쁨을 결여하고 있는 것은 우리가 기독교인이라는 사실 때문인가, 아니면 우리가 충분히 기독교인이 되지 못한 사실 때문인가?" 아마도 우리는 우리가 삶을 경멸하는 사람들이라는, 또한 우리의 행동을 통해서 계속해서 삶을 비난하는 사람들이라는 비난에 맞서서 자신 있게 자신을 옹호할 수 있을지 모릅니다. 아마도 우리는 그것이 진리의 왜곡이라는 것을 보여줄 수 있을지도 모릅니다.

침울한 기독교

그러나 솔직해져 봅시다. 그런 비판에는 충분한 근거가 있지 않습니까? 수많은 기독교인들 - 목사들, 신학생들, 전도자들, 선교사들, 기독교 교육가들, 사회사업가들, 경건한 평신도 남녀들, 그리고 심지어 그런 부모들의 아이들까지 - 이 무겁고, 압제적일 정도로 엄격하고, 유머나 풍자가 결여된 분위기에 둘러싸여 있지 않습니까? 우리는 이런 사실을 부인할 수 없습니다. 교회 밖에서 우리를 비난하는 이들은 옳습니다. 그리고 우리 스스로 자신의 이런 모습에 대해 그들보다 훨씬 더 비판적이 되어야 합니다. 그러나 좀더 깊은 차원에서 그렇게 해야 합니다.

기독교인으로서 우리는 기쁨을 받아들이거나 거부하는 것과 관련해 내적 갈등을 겪고 있습니다. 우리는 우리의 기쁨에 기여하는 자연의 선물들에 대해 의구심을 갖습니다. 비록 우리가 자연이 하나님의 피조물이라고 고백하고 또 하나님께서 자신이 만드신 것을 향해 "보라, 이 얼마나 좋으냐" 하고 말씀하셨다는 것을 알고 있음에도, 우리는 여전히 자연 그 자체에 대해 의구심을 갖고 있기 때문입니다. 우리는 우리의 기쁨에 기여하는 문화의 산물들에 대해서도 의구심을 갖고 있습니다. 비록 우리가 하나님께서 땅을 인간에게 복속시키시고 그에게 그것을 경작하라고 명령하셨다고 고백하고 있을지라도, 우리는 인간의 창의성에 대해 의구심을 갖고 있기 때문입니다.

그리고 설령 우리가 이런 의구심을 극복하고 자연의 선물들과 문화의 산물들을 긍정하고 받아들일지라도, 종종 우리는 마음 한편에 뭔지 모를 불안을 느끼면서 그렇게 합니다. 우리는 우리가 기쁨에 대해 자유로워져야 한다는 것을 알고 있습니다. 왜냐하면 바울의 말처럼 만물은 다 우리의 것이기 때문입니다(고전 3:21).

그러나 우리의 용기는 우리의 지식보다 못합니다. 우리는 감히 우리의 세계와 자신을 긍정하지 못합니다. 설령 한 순간 용기를 내어 그렇게 할지라도, 우리는 곧 자기에 대한 비난과 처벌을 통해 그런 용기에 대해 보속(補贖)하려 하고, 그런 용기를 내본 적이 없는 자들이 행하는 악의에 찬 비난을 감내하려 합니다. 그러므로 많은 기독교인들이 절충을 시도합니다. 그들은 자신들의 기쁨의 감정을 숨기려 합니다. 혹은 자기에 대한 너무 힘든 비난을 피하기 위해 너무 강렬한 기쁨을 피하려고 합니다.

나는 기독교 집단에서 나타나는 그런 식의 기쁨에 대한 억압과 죄책 때문에 기독교와 결별할 뻔 한 적이 있습니다. 이런 집단들에서 기쁨으로 간주되는 것은 메마르고, 의도적으로 어린아이 흉내를 내고, 흥미롭지 않고, 황홀하지도 않은 것들뿐입니다. 그런 것에는 색깔도, 위험도, 높이도, 깊이도 없습니다.

이것이 많은 교회들의 상태라는 것을 부인하기는 어렵습니다. 그러나 지금 우리는 기독교인과 비기독교인 양쪽 모두로부터 다음과 같은 질문을 받고 있습니다. "성경이 말씀하는 기쁨은 많은 기독교인들에게 결여되어 있는 삶의 기쁨과는 완전히 다른 것 아닌가? 시편 기자와 바울과 제4복음서의 예수님은 자연스러운 삶의 기쁨을 초월하는 기쁨에 대해 말하고 있지 않은가? 그들은 하나님 안에서 누리는 기쁨에 대해 말하고 있지 않은가? 기독교인이 되겠다는 결정은 삶의 기쁨을 얻기 위한 것이 아니라 하나님 안에서 누리는 기쁨을 얻기 위한 것 아닌가?"

쾌락

이런 질문들에 대한 첫 번째이자 가장 단순한 대답은 삶은 하나님의 것이며, 하나님은 삶의 창조적 근거이시라는 것입니다. 그분은 그 어떤 삶의 과정이라도 무한히 넘어서십니다. 그러나 또한 그분은 그런 삶 모두를 통해서 창조적으로 역사하십니다. 그러므로 하나님 안에서 누리는 기쁨과 삶의 기쁨 사이에 갈등이 존재할 이유는 없습니다. 그러나 이 첫 번째 대답은 아주 훌륭하고 기쁨에 넘치는 것이기는 하지만 충분하지는 않습니다. 왜냐하면 "삶의 기쁨"(joy of life)은 여러 가지 것들을 의미할 수 있기 때문입니다.

기쁨은 "고통"(pain)과 반대되는 것처럼 보입니다. 그러나 우리는 고통과 기쁨이 병존할 수 있다는 것을 알고 있습니다. 고통의 반대는 기쁨이 아니라 "쾌락"(pleasure)입니다. 인간의 삶은 고통으로부터의 지속적인 탈출과 쾌락에 대한 지속적인 추구라고 믿는 사람들이 있습니다. 그러나 나는 그런 말에 적합한 사람을 본 적이 없습니다. 그것은 완전한 인격 파탄을 통해서든 아니면 정신병을 통해서든 인간성을 상실한 자들에게나 해당되는 말입니다.

대부분의 사람들은 어떤 목적을 위해서, 또한 그들이 너무나 사랑하기에 고통과 희생을 감수할 가치가 있다고 여기는 누군가나 무언가를 위해서 기꺼이 쾌락을 희생할 수 있습니다. 인간은 고통과 쾌락을 모두 무시할 수 있는데, 이것은 그가 쾌락을 위해서가 아니라 그가 사랑하고 결합하기 원하는 것을 위해서 살아가도록 되어 있기 때문입니다.

만약 우리가 쾌락 때문에 무언가를 바란다면, 우리는 그것을 통해 쾌락을 얻어낼 수 있을지 모르나 기쁨을 얻지는 못할 것입니다. 만약 우리가 쾌락을 얻기 위해 누군가를 찾는다면, 우리는 그를 통해 쾌락을 얻을 수 있을지 모르나 기쁨을 얻지는 못할 것입니다. 만약 우리가 고통을 피하기 위해 무언가를 찾는다면, 우리는 그것을 통해 고통을 피할 수 있을지 모르나 슬픔을 피하지는 못할 것입니다. 만약 우리가 누군가를 이용해 고통으로부터 보호 받고자 한다면, 우리는 고통으로부터 보호 받을 수 있을지 모르나 슬픔으로부터 보호 받지는 못할 것입니다. 만약 우리가 다른 사람을 이용하거나 학대한다면, 우리는 쾌락을 얻을 수 있고 고통을 피할 수 있습니다. 그러나 우리는 그런 식으로는 기쁨을 얻을 수 없고 슬픔을 극복할 수 없습니다.

우리가 기쁨을 얻는 것은 오직 우리가 사물과 사람들에게 이끌리는 이유가 우리가 그들을 통해 얻을 수 있는 것 때문이 아니라 그들 자체 때문일 경우에만 가능합니다. 우리의 일과 관련된 기쁨은, 만약 우리가 그 일을 수행하는 이유가 우리가 만들어내는 것을 위해서가 아니라 우리가 그것을 통해 얻을 수 있는 기쁨이나 그것을 통해 피할 수 있는 고통 때문이라면, 사라질 수 있습니다. "내가" 성공했다는 사실로 인한 쾌락은 성공 자체로 인한 기쁨을 망쳐버립니다. 진리를 알고 아름다운 것을 경험하는 것으로 인한 우리의 기쁨은, 만약 우리가 진리와 아름다움을 즐기지 않고 그것들을 즐기는 것이 "나"라는 사실을 즐긴다면, 사라질 수 있습니다.

힘은 그것이 힘을 갖는 것으로 인한 쾌락에서 자유로울 때만, 또 그 힘이 가치 있는 무언가를 창조하는 방법일 경우에만 우리에게 기쁨을 제공할 수 있습니다. 이성 사이에서 가장 잘 드러나는 사랑의 관계는, 만약 우리가 상대방을 쾌락의 수단이나 고통에서 탈출하기 위한 수단으로 이용한다면, 기쁨이 없는 관계로 남아 있게 됩니다.

이것은 모든 인간관계에 대한 위협입니다. 이 말은 이런 관계들 중 어떤 형태에 대해 우리에게 경고를 주는 외적인 법이 아닙니다. 오히려 이것은 이런 관계들 중 어떤 것들은 우리에게 쾌락을 줄 수 있으나 기쁨을 주지 못한다고 알려주는 과거의 경험들에서 우러나오는 지혜입니다. 그런 관계들은 그것들이 우리의 본질과 우리가 추구하는 것을 채워주지 못하기 때문에 기쁨을 주지 못합니다. 우리가 다른 사람을 원하는 이유가 그 사람 자신 때문이 아니라 그가 우리에게 쾌락을 제공하고 고통에서 벗어나게 해줄 수 있기 때문일 경우, 그런 식의 인간관계 속에는 기쁨이 존재할 수 없습니다.

기쁨, 실재와의 결합

쾌락을 위해 쾌락을 추구하는 것은 실재, 즉 다른 사람의 실재와 자신의 실재를 회피하는 것입니다. 그러나 우리에게 기쁨을 줄 수 있는 것은 있는 모습 그대로의 자신을 실현하는 것뿐입니다. 기쁨이란 우리가 자신의 참된 존재 안에서 그리고 자신의 인격의 중심 안에서 자신을 실현하는 것에 대한 인식에 다름 아닙니다. 그리고 이런 실현은 오직 우리가 있는 그대로의 다른 이들과 결합할 때만 가능합니다. 그것은 기쁨을 주는 실재이며, 유일한 실재입니다.

성경은 매우 자주 기쁨에 대해 말하는데, 이것은 그것이 모든 책들 중에서 가장 실재적이기 때문입니다. "기뻐하라!" 이 말은 실재하는 것처럼 보이는 것을 넘어서 참으로 실재하는 것에 이르라는 의미입니다. 단순한 쾌락은 당신 자신 안에서 그리고 다른 모든 존재들 안에서 실재에 대한 환상의 영역에 머물러 있습니다. 그러나 기쁨은 실재 그 자체와의 결합으로부터 태어납니다.

우리가 쾌락을 갈망하는 원인들 중 하나는 공허감과 그것으로부터 나오는 권태의 고통입니다. 공허는 사물과 사람 그리고 의미와의 관계가 결여된 결과입니다. 심지어 그것은 자신과의 관계의 결여 때문이기도 합니다. 그러므로 우리는 자신으로부터 그리고 자신의 외로움으로부터 도피하려고 합니다. 그러나 우리는 진정한 관계를 통해 다른 이들과 그들의 세계에 도달하지 못합니다.

그런 까닭에 우리는 소위 "재미"(fun)라고 불릴 수 있는 일종의 쾌락을 얻기 위해 그들을 이용합니다. 그러나 그것은 종종 놀이와 연관된 창조적인 재미가 아닙니다. 오히려 그것은 재미를 얻기 위한 천박하고 마음을 어지럽히는, 또한 탐욕스러운 방식에 불과합니다. 그리고 그런 재미가 쉽게 상업화될 수 있다는 것은 놀랄 일이 아닙니다. 왜냐하면 그것은 아무런 열정이나 모험이나 사랑 없이 단지 계산될 수 있는 반응에만 의존하기 때문입니다. 기쁨을 불가능하게 만드는 재미를 통해 공허함으로부터 탈출하려는 것 – 이것이야말로 우리의 문명을 위협하는 모든 위험들 중에서도 가장 위험한 것들 중 하나입니다.

쾌락을 긍정하는 모험

"기뻐하라!" 기쁨에 대한 성경의 이런 권면은 쾌락을 금하는 것일까요? 기쁨과 쾌락은 서로 배척하는 것일까요? 그렇지 않습니다! 우리의 존재의 핵심적인 실현은 부분적이고 주변적인 실현을 배척하지 않습니다. 그리고 우리는 이 말을 우리가 기쁨과 쾌락을 대조하며 했던 것만큼이나 강조해서 말해야 합니다. 우리는 쾌락을 위해서 쾌락을 추구하는 자들 뿐 아니라, 그것이 쾌락이라는 이유로 쾌락을 거부하는 자들에게도 도전해야 합니다.

인간은 먹고 마시는 일을 단순한 동물적 욕구 이상으로 즐깁니다. 그것은 인간의 생명을 위한 그의 추구의 부분적인 그리고 계속해서 반복되는 실현입니다. 그것은 쾌락이고 삶의 기쁨을 제공합니다. 인간은 노는 것과 춤추는 것, 자연의 아름다움, 사랑의 황홀함을 즐깁니다. 그것들은 삶을 위한 인간의 가장 강렬한 추구들 중 일부를 실현시킵니다. 그러므로 그것들은 쾌락이며 삶의 기쁨을 제공합니다. 인간은 지식의 힘과 예술의 매력을 즐깁니다. 그것들은 삶을 위한 인간의 가장 드높은 추구들 중 일부를 실현시킵니다. 그러므로 그것들은 쾌락이며 삶의 기쁨을 제공합니다. 인간은 가족, 우정, 그리고 사회 집단들 안에서 사람들로 이루어지는 공동체를 즐깁니다. 그것들은 삶을 위한 어떤 근본적인 추구를 실현시킵니다. 그러므로 그것들은 쾌락이며 삶의 기쁨을 제공합니다.

그러나 이런 관계들 안에서 다음과 같은 질문이 제기됩니다. "우리가 이런 쾌락을 취하는 방식은 옳은가, 아니면 그른가? 우리가 쾌락을 취하는 것은 쾌락을 위해서인가, 아니면 우리가 속해 있는 모든 것들과 사랑 안에서 결합하기를 원하기 때문인가?"

우리는 그 질문에 확실히 대답하지 못합니다. 그리고 우리는 과거의 기독교 역사에서 근심하는 양심을 가졌던 자들과 더불어, 비록 쾌락이 창조 때부터 선한 것으로 인정되었을지라도, 그것들을 비난하는 쪽을 택합니다. 그들은 자기들의 근심을 부모나 사회 혹은 교회의 금지명령 뒤로 숨깁니다—그런 금지 명령을 "하나님의 명령"이라고 부르면서 말입니다. 그들은 삶의 기쁨을 긍정하는 것에 대한 두려움을 자기들의 양심에 호소함으로써 정당화합니다—그 양심을 "하나님의 음성"이라고 부르면서 말입니다. 또 그들은 그 두려움을 훈련과 자기 통제와 이타성에 대한 요구에 호소함으로써 정당화합니다—그것들을 "그리스도를 본받는 것"이라고 부르면서 말입니다. 그러나 예수님은 세례자 요한과는 반대로 그분을 비난하는 자들로부터 "먹기를 탐하고 포도주를 즐기는 사람"(마 11:19)이라고 불리셨습니다.

쾌락에 대한 이 모든 경고들 안에는 진리와 비진리가 뒤섞여 있습니다. 그런 경고들이 우리의 책임을 강화하는 한, 그것들은 참됩니다. 그러나 그것들이 우리의 기쁨을 약화시키는 한, 그것들은 틀렸습니다.

그러므로 여기에서 나는 쾌락을 받아들이거나 거부하기 위한 또 다른 기준 하나를 제시하고자 합니다. 그 기준은 우리의 본문 안에 제시되어 있습니다. 즉 그것은 기쁨과 함께하는 쾌락은 선하고, 기쁨을 방해하는 쾌락은 악하다는 것입니다.

이런 기준에 비추어 우리는 쾌락을 긍정하는 모험을 감행해야 합니다. 비록 우리의 그런 모험이 잘못된 것으로 밝혀질지라도 말입니다. 쾌락을 받아들이는 것보다 그것을 거부하는 편이 더 기독교적인 것은 아닙니다. 거부는 창조에 대한 거부를 의미한다는 것을 잊지 맙시다. 또 교부들의 말처럼 그것은 창조주 하나님에 대한 모독이라는 사실을 잊지 맙시다. 그리고 모든 기독교인들은 수많은 비기독교인들이 날카롭게 인식하고 있는 한 가지 사실을 깨달아야 합니다. 그것은 삶의 기쁨에 대한 억압은 은밀하게든 공개적으로든 삶에 대한 증오를 낳는다는 것입니다. 그리고 그것은, 수많은 신체적·정신적 질병들이 입증하듯이, 자기 파괴로 이어질 수 있습니다.

행복과 슬픔

기쁨은 쾌락 이상의 것입니다. 또 그것은 행복 이상의 것입니다. "행복"(happiness)은 내적이고 외적인 여러 상황에 따라 약간 길거나 짧게 지속되는 마음의 상태입니다. 고대의 관점에서 본다면, 그것은 신들이 주기도 하고 다시 빼앗아가기도 하는 신들의 선물입니다. 미국 헌법에서 "행복의 추구"는 기본적인 인권입니다. 경제이론에서 "최대 다수의 최대 행복"은 인간의 행동의 목적입니다. 동화의 마지막은 늘 "그들은 오래도록 행복하게 살았습니다"로 끝납니다. 행복은 큰 고통과 쾌락의 부재를 견뎌낼 수 있습니다. 그러나 행복은 기쁨의 부재를 견디지 못합니다. 왜냐하면 기쁨은 우리의 본질적이고 핵심적인 실현에 대한 표현이기 때문입니다. 그 어떤 주변적인 실현이나 좋은 상황도 핵심적인 실현을 대체하지 못합니다. 불행한 상태에서조차 큰 기쁨은 불행을 행복으로 변화시킬 수 있습니다. 그렇다면 이런 기쁨이란 과연 무엇입니까?

우선 기쁨의 반대가 무엇인지부터 알아봅시다. 그것은 "슬픔"(sorrow)입니다. 슬픔은 우리가 우리에게 속해 있고 자신의 실현에 필요한 무언가를 빼앗김으로써 핵심적인 실현에 이르지 못하게 되었다는 느낌입니다. 우리는 친척이나 우리와 가장 가까운 친구들, 우리에게 삶의 의미를 제공하는 창조적인 일, 우리를 지원하는 공동체, 우리의 집, 명예, 사랑, 신체적 혹은 정신적 건강, 인격의 통일성, 그리고 선한 양심 등을 빼앗길 수 있습니다. 이 모든 것은 여러 가지 형태의 슬픔을 가져옵니다. 가령, 비참함, 외로움, 낙담, 자기 비난 같은 것들입니다.

그러나 예수님은 바로 그런 상황에서 자신의 제자들에게 "내 기쁨이 너희와 함께 있을 것이고, 너희의 기쁨이 충만해질 것이다"(요 15:11 참고)라고 말씀하십니다. 왜냐하면, 바울이 말하듯이, 슬픔은 죽음이라는 최종적인 절망으로 끝나는 "세상 근심"(고후 7:10)이 될 수도 있고, 변화와 기쁨으로 이어지는 "하나님의 뜻대로 하게 된 근심"(11절)이 될 수도 있기 때문입니다. 기쁨은 그 자체 안에 기쁨과 슬픔을 초월하는 무언가를 갖고 있습니다. 이 무언가는 "복됨"(blessedness)이라고 불립니다.

복됨, 하나님의 영원한 실현

복됨은 기쁨의 영원한 요소입니다. 복됨은 기쁨으로 하여금 자기 안에 슬픔 – 기쁨은 그것으로부터 솟아오르고 그것을 자신에게로 가져갑니다 – 을 포함할 수 있게 해줍니다. 예수님은 "지복"(the Beatitudes)을 말씀하시면서 가난한 자들, 우는 자들, 굶주리고 갈증에 시달리는 자들, 그리고 박해받는 자들을 향해 "복되다"(blessed)고 하셨습니다. 또 그들을 향해 "기뻐하고 즐거워하라"(마 5:12)고 말씀하셨습니다. 슬픔 안에 있는 기쁨— 그것은 복 받은 자들, 즉 그들 안에서 기쁨이 영원의 차원이 되는 자들에게는 가능한 일입니다.

여기서 우리는 기독교가 삶의 기쁨을 파괴한다고 믿기 때문에 기독교를 공격하는 이들에게 다시 한 번 대답해야 합니다. 그들은 "지복"의 관점에 비추어 볼 때 기독교는 또 다른 삶을 가리키고 그것을 위해 준비함으로써 이 세상에서의 기쁨을 감소시킨다고 말합니다. 그들은 약속된 삶에서 누리게 될 축복조차 미래의 삶에서 누릴 쾌락을 세련된 형태로 추구하는 것이라고 비난합니다. 우리는 많은 기독교인들에게 기쁨은 이런 식으로 죽음 이후로 연기되었으며, 성경에는 이런 대답을 지지하는 듯 보이는 말들이 있다는 것을 고백해야 합니다. 그럼에도 그것은 틀렸습니다.

예수님은 그분의 기쁨을 그분의 제자들에게 "지금"(now) 주실 것입니다. 그들은 그분이 그들을 떠나신 후에 그 기쁨을 얻게 될 것입니다. 이것은 그들이 그 기쁨을 "이 세상에서" 얻게 되리라는 의미입니다. 또 바울은 빌립보 교인들에게 "지금" 기뻐하라고 권면합니다. 이것은 달리 될 수 없습니다. 왜냐하면 복됨이란 "하나님의 영원한 실현"(God's eternal fulfillment)에 대한 표현이기 때문입니다. 지금 여기에서 이런 실현에 참여하는 자들은 복됩니다. 확실히 영원한 실현은 현재로서의 영원으로뿐 아니라 미래로서의 영원으로도 간주되어야 합니다. 그러나 만약 그것이 현재 속에서 보이지 않는다면, 그것은 앞으로도 전혀 보이지 않을 것입니다.

그 안에 복됨이라는 깊이를 갖고 있는 이런 기쁨은 성경에서 우리에게 요구되고 있고 또 약속되어 있습니다. 기쁨은 그 안에 그것의 반대인 슬픔을 간직하고 있습니다. 그것은 행복과 쾌락을 위한 토대를 제공합니다. 그것은 실현을 위한 인간의 노력의 모든 단계 안에 존재합니다. 그것은 그런 노력들을 성별하고 지도합니다. 그것은 그것들을 감소시키거나 약화시키지 않습니다. 그것은 삶의 기쁨이 갖고 있는 모험과 위험을 제거하지 않습니다. 그것은 쾌락과 고통 안에서, 행복과 불행 안에서, 그리고 황홀함과 슬픔 안에서 삶의 기쁨이 가능하도록 만듭니다. 기쁨이 있는 곳에는 실현이 있습니다. 그리고 실현이 있는 곳에는 기쁨이 있습니다. 실현과 기쁨 안에서 삶의 내적 목표, 창조의 의미, 그리고 구원의 목표가 이루어집니다.

21

우리의 궁극적 관심

38그들이 길 갈 때에 예수께서 한 마을에 들어가시매 마르다라 이름하는 한 여자가 자기 집으로 영접하더라 39그에게 마리아라 하는 동생이 있어 주의 발치에 앉아 그의 말씀을 듣더니 40마르다는 준비하는 일이 많아 마음이 분주한지라 예수께 나아가 이르되 주여 내 동생이 나 혼자 일하게 두는 것을 생각하지 아니하시나이까 그를 명하사 나를 도와 주라 하소서 41주께서 대답하여 이르시되 마르다야 마르다야 네가 많은 일로 염려하고 근심하나 42몇 가지만 하든지 혹은 한 가지만이라도 족하니라 마리아는 이 좋은 편을 택하였으니 빼앗기지 아니하리라 하시니라

누가복음 10:38-42

예수님이 마르다에게 하신 이 말씀은 성경에 실린 모든

말씀들 중에서도 가장 유명한 것에 속합니다. 마르다와 마리아는 삶의 두 가지 가능한 태도에 대한, 인간 안에 그리고 인류 전체 안에 있는 두 가지 힘에 대한, 그리고 두 종류의 관심사(關心事)에 대한 상징이 되어 왔습니다.

마르다는 "많은 일"(many things, 41절)에 대해 염려합니다. 그러나 그것들 모두는 유한하고, 잠정적이고, 일시적입니다. 마리아는 "한 가지"(one thing, 41절)에만 관심을 두었습니다. 그것은 무한하고, 궁극적이고, 지속적인 것이었습니다.

우리는 마르다의 방식을 경멸해서는 안 됩니다. 오히려 그것이야말로 세상을 움직이게 하는 방식입니다. 그것은 삶과 문화를 보존하고 풍성하게 하는 구동력입니다. 그것이 없었다면 예수님은 마리아에게 말씀하실 수 없었을 것이고, 마리아는 예수님의 말씀을 들을 수 없었을 것입니다. 언젠가 나는 마르다를 정당화하고 높이는 설교를 들은 적이 있습니다. 그런 것은 있을 수 있는 일입니다.

우리의 삶속에는 그리고 일반적으로 인간의 삶 속에는 주목과 헌신과 열정을 요구하는 무수히 많은 관심사들이 있습니다. 그러나 그것들은 우리에게 무한한 주목, 무조건적 헌신,

그리고 궁극적인 열정을 요구하지는 않습니다. 그것들은 중요하며, 종종 당신과 나와 인류 전체를 위해 "매우"(very) 중요합니다. 그러나 그것들은 "궁극적으로"(ultimately) 중요하지는 않습니다. 그리고 그렇기 때문에 예수님은 마르다가 아니라 마리아를 칭찬하십니다. 그녀는 옳은 것, 사람에게 필요한 것, 모든 사람의 궁극적 관심이 되는 유일한 것을 택했던 것입니다.

교회의 예배 시간과 묵상하며 말씀을 읽는 모든 시간은 마리아가 했던 방식으로 듣는 일에 바쳐집니다. 무언가가 우리에게 말해집니다. 우리가 무한히 관심을 가질 수 있는 무언가가 듣는 자들뿐 아니라 말하는 자에게까지도 말해집니다. 이것이 모든 설교의 의미입니다. 설교는 무한한 관심을 일깨워 줍니다.

관심과 근심

무언가에 관심을 갖는다는 것은 무슨 뜻입니까? 그것은 우리가 그 안에 개입한다는 것, 우리의 일부가 그 안에 있다는 것, 우리가 그것에 마음을 다해 참여한다는 것을 의미합니다. 그러나 그것은 또 그 이상의 무언가를 의미합니다. 그것은 우리가 무언가에 개입하는 방식, 즉 "근심스럽게" 개입하는 방식을 가리킵니다.

지혜롭게도 우리의 언어는 "관심"(concern)과 "근심"(anxiety)을 동일시합니다. 무언가에 개입할 때마다 우리는 근심을 느낍니다. 많은 것들이 우리의 동정심과 두려움을 불러일으키고 우리의 관심을 끕니다. 그러나 그것들은 우리의 참된 관심사가 아닙니다. 그것들은 우리가 무언가에 참으로 그리고 진지하게 관심을 가질 때 나타나는 맹렬하고 고통스러운 근심을 낳지 않습니다. 우리의 이야기에서 마르다는 무언가에 진지하게 관심을 두었습니다. 어느 평범한 하루 동안, 즉 아침에 잠에서 깨어나서부터 밤에 잠자리에 들기까지, 그리고 우리의 꿈속에서까지 나타나서 우리를 근심하게 하는 우리의 관심사가 무엇인지 기억해 봅시다.

우리는 우리의 일에 대해 관심을 갖습니다. 일은 우리의 실존의 기초입니다. 우리는 그 일을 사랑할 수도 있고 증오할 수도 있습니다. 우리는 의무 때문에 혹은 힘들지만 어쩔 수 없는 필요 때문에 그 일을 할 수도 있습니다. 그러나 우리가 자신의 능력의 한계나 효율성의 부족이나 게으름과의 싸움이나 실패의 위험을 느낄 때마다 우리는 근심에 휩싸입니다.

우리는 다른 사람들과 우리의 관계에 대해 관심을 갖습니다. 우리는 그들의 자비심과 우정과 사랑 그리고 그들과의 육체적·정신적 접촉이 없이 살아가는 것을 상상조차 할 수 없습니다. 그러나 우리가 사랑하는 그들 안에서뿐 아니라 자신 안에서 경험하는 무관심, 분노와 질투의 폭발, 그리고 숨어 있지만 자주 모습을 드러내는 치명적인 적대감에 대해 생각할 때, 우리는 불안해지고 종종 완전한 절망에 빠지기도 합니다. 그들을 잃는 것, 그들에게 상처를 주는 것, 그리고 그들에게 가치 없는 존재가 되는 것에 대한 근심이 우리의 마음속으로 파고들어와 우리의 사랑을 불안하게 만듭니다.

우리는 우리 자신에 대해 관심을 갖습니다. 우리는 성숙과 생활 능력과 정신의 지혜와 영혼의 완전함을 향한 발전에 대해 책임을 느낍니다. 그와 동시에 우리는 행복을 추구합니다. 우리는 쾌락과 유쾌한 시간을 갖는 것에 대해 관심을 갖습니다. 이런 것은 우리에게 아주 높은 관심사들입니다. 그러나 우리가 자신을 자기 성찰이라는 혹은 다른 사람들의 판단이라는 거울에 자신을 비추어 볼 때 우리는 근심에 휩싸입니다. 우리는 자신이 잘못된 결정을 내렸고, 잘못된 길에서 출발했고, 사람들과 자신 앞에서 실패하고 있다고 느낍니다. 우리는 자신을 다른 이들과 비교하고 열등감을 느낍니다. 우리는 낙담하고 좌절합니다. 우리는 자신이 너무 열심히 행복을 추구하다가 그것을 쾌락과 혼동했거나 적절한 때에 우리에게 행복을 가져다 줄 수도 있었을 결정을 내리지 못했기 때문에 자신의 행복을 허비했다고 믿습니다.

우리는 살아 있는 모든 것들의 가장 자연스럽고 가장 보편적인 관심사를 잊어서는 안 됩니다. 그것은 바로 생명의 보존에 대한 관심, 즉 일용할 양식에 대한 관심입니다. 최근의 역사 속에는 서방 세계 사람들 대부분이 이런 관심을 거의 잊고 살았던 시절이 있었습니다. 오늘날 인간 세상의 보다 넓은 부분에서 의(衣)·식(食)·주(住)에 대한 관심은 너무나 압도적이어서 거의 대부분의 다른 인간적 관심사들을 초월할 정도가 되었습니다. 그리고 이제 그것은 모든 계급의 사람들의 마음을 사로잡기에 이르렀습니다.

고상한 관심

그러나 어떤 이들은 물을 것입니다. "우리에게는 매일의 삶에 대한 관심사들 이상의 고상한 관심사들이 있지 않은가? 예수님 자신이 그런 관심사들에 대해 증언하지 않으셨는가? 예수님이 군중의 불행으로 인해 마음이 움직이셨을 때, 그분은 그들을 매일의 삶의 수많은 걱정거리들로부터 해방시키심으로써 우리 시대의 많은 사람들을 사로잡아 왔던 사회적 관심사를 성별(聖別)하셨던 것이 아닌가? 예수님이 병자들에게 동정심을 느끼고 그들을 치유하셨을 때, 그분은 그렇게 하심으로써 오늘날의 의료적·정신적 치유자들이 갖고 있는 관심사를 성별하셨던 것이 아닌가? 예수님이 자기 주위에 작은 무리를 모아 공동체를 세우려 하셨을 때, 그분은 그렇게 하심으로써 모든 공동생활에 대한 관심사를 성별하셨던 것이 아닌가? 그분이 자신은 진리를 증거하러 오셨다고 말씀하셨을 때, 그분은 그렇게 하심으로써 진리에 대한 관심사와 우리 시대의 구동력인 지식에 대한 열정을 성별하셨던 것이 아닌가? 그분이 군중과 그분의 제자들을 가르치셨을 때, 그분은 그렇게 하심으로써 배움과 교육에 대한 관심사를 성별하셨던 것이 아닌가? 그리고 그분이 비유를 말씀하시고, 자연의 아름다움을 묘사하시고, 고전적 아름다움을 지닌 말씀들을 하셨을 때, 그분은 그렇게 하심으로써 아름다움, 그것이 제공하는 정신의 고양, 그리고 일상적 걱정거리들로 인한 불안 이후에 맛보는 평안이라는 관심사를 성별하셨던 것이 아닌가?"

그러나 이런 고상한 관심사들이 마리아가 선택했던 필요하고 올바른 "한 가지"(one thing)일까요? 아니면 마르다가 대표하는 것의 고상한 형태에 불과할까요? 혹시 우리는 가장 위대하고 고상한 것들에 관심을 두고 있을 때조차 여전히 마르다처럼 "많은 일"로 근심하고 있는 것 아닐까요?

우리가 사회적 관심을 가질 때, 또 우리가 많은 이들의 한숨소리를 듣는 동안 우리의 복된 상황과 비교되는 수많은 불행과 사회적 불평등이 우리의 양심을 내리쳐서 우리가 자유롭고 행복하게 숨 쉬는 것을 방해할 때, 우리는 참으로 근심을 초월해 있는 것일까요?

당신은 치유하기를 원하지만 때가 너무 늦었음을 아는 사람들, 교육하기를 원하지만 어리석음과 사악함과 증오와 마주하고 있는 사람들, 사람들을 이끌어야 할 의무가 있지만 사람들의 무지와 적대자들의 야심과 잘못된 제도와 불운으로 인해 탈진한 사람들의 고뇌에 대해 알고 있습니까? 이런 근심들은 우리의 일상생활에 대한 근심들보다 훨씬 큽니다.

또한 당신은 모든 진지한 탐구에 얼마나 큰 불안이 따르는지 알고 있습니까? 특히 우리가 아무도 걸어본 적이 없는 새로운 길로 걸어갈 때 혹시 잘못될지도 모른다고 느끼는 불안에 대해 알고 있습니까? 당신은 위대한 예술과 관련된 일을 하다가 매일의 삶이 지니고 있는 각종 필요들과 추한 일들과 근심거리들에 마음을 써야 할 때 느끼는 거의 견딜 수 없는 공허감을 경험해 본 적이 있습니까?

그러나 이런 것들조차, 예수님이 멸망에 처하게 될 성전의 아름다움에 대해 말씀하시면서 지적하셨던 것처럼, 우리에게 필요한 "한 가지"가 아닙니다. 현대 유럽은 그것이 자랑했던 인간의 창의성의 황금시대가 그 "한 가지"가 아니었다는 것을 배웠습니다. 왜냐하면 지금은 그런 황금시대의 유물들이 파괴된 채 누워 있기 때문입니다.

중요한 그러나 유한한

그러면 어째서 우리가 관심을 갖는 많은 것들이 걱정 혹은 근심과 관련되어 있는 것일까요? 우리는 힘과 열정을 다해 그것들에 헌신합니다. 그리고 우리는 그렇게 해야 합니다. 그렇지 않다면 우리는 아무것도 이루지 못할 것입니다. 그렇다면 왜 그것들은 우리의 마음의 가장 깊은 곳을 불안하게 만드는 걸까요? 왜 예수님은 그것들을 궁극적으로 필요하지 않은 것으로 치부(置簿)하시는 걸까요? 그것은 예수님이 마리아에 대한 말씀에서 지적하셨던 것처럼 그것들이 우리에게서 "빼앗길 수 있기" 때문입니다.

그것들은 모두 마지막에 이릅니다. 우리의 모든 관심사들은 유한합니다. 우리의 짧은 삶속에서 그것들 중 많은 것이 이미 사라졌고, 새로운 것들이 출현했으나 그것들 역시 사라지게 될 것입니다. 과거의 많은 큰 관심사들이 사라졌고, 조만간 더 많은 것들이 그렇게 될 것입니다. "무상함"(transitoriness)이라는 우울한 법은 우리가 가장 열정을 갖고 있는 관심사들까지도 지배합니다. 마지막에 대한 근심은 그것들이 제공하는 행복 안에도 존재합니다. 우리가 관심을 두는 것들과 우리 자신 모두가 마지막에 이릅니다. 우리가 더 이상 이런 관심사들 중 아무것에도 관심을 두지 않게 되는 때, 즉 그런 관심사들의 유한성이 우리 자신의 유한성과 자신의 종말의 경험 안에서 드러나는 때가 올 것입니다. 그리고 아마도 그때는 그다지 멀지 않을 것입니다.

그러나 우리는 우리의 잠정적인 관심사들을 궁극적인 것들로 여깁니다. 그리고 만약 우리가 그것들로부터 자유로워지려고 한다면, 그것들은 그들이 지닌 힘으로 우리를 옭아맵니다. 모든 관심사들은 압제적이며 우리의 온 마음과 정신과 힘을 요구합니다.

모든 관심사들은 우리의 궁극적 관심사, 즉 우리의 신(god)이 되려고 합니다. 일에 대한 우리의 관심은 종종 우리의 신이 되는 데 성공합니다. 다른 사람들이나 쾌락에 대한 관심 역시 마찬가지입니다. 과학에 대한 관심은 역사의 어느 한 시기

내내 우리의 신이 되는 데 성공했고, 돈에 대한 관심은 훨씬 더 중요한 신이 되었으며, 국가에 대한 관심은 모든 것 중 가장 중요한 신이 되었습니다. 그러나 이런 관심사들은 유한 합니다. 그것들은 서로와 갈등합니다. 그것들은 우리의 양심 에 짐을 지웁니다. 왜냐하면 우리가 그것들 모두를 만족시킬 수는 없기 때문입니다.

우리는 모든 관심을 쫓아버리고 냉소적인 무관심을 유지하려고 할 수도 있습니다. 우리는 더 이상 아무것도 우리의 관심을 끌지 못하게 – 아마도 "우연하게는" 예외가 되겠지만, 확실히 "진지하게는" 아니게 – 하겠노라고 결심합니다. 우리는 우리 자신과 다른 이들에 대해, 우리의 일과 쾌락에 대해, 필수품과 사치품들에 대해, 사회적·정치적 문제들에 대해, 그리고 지식과 아름다움에 대해 무관심해지려고 노력합니다. 심지어 우리는 이런 무관심에는 그것과 관련된 영웅적인 무언가가 있다고 느낄 수도 있을 것입니다. 그러나 한 가지 분명한 것은 그것이 궁극적 관심을 갖는 것에 대한 유일한 대안이라는 점입니다.

무관심이냐, 궁극적 관심이냐 – 우리가 양자 중 택일할 수 있는 대안들은 이것들뿐입니다. 냉소적인 사람은 한 가지에 관심을 둡니다. 그것도 열정적으로 그렇게 합니다. 그 한 가지는 바로 그의 무관심입니다. 이것은 모든 무관심이 갖고 있는 내적 모순입니다. 그러므로 오직 하나의 대안이 있을 뿐입니다. 그것은 바로 궁극적 관심입니다.

필요한 한 가지

그렇다면 우리에게 필요한 "한 가지"는 무엇입니까? 마리아가 택했던 옳은 것은 무엇입니까? 우리의 이야기와 마찬가지로 나는 그것에 대해 답하기를 주저합니다. 왜냐하면 이 질문에 대한 거의 모든 대답이 오해의 소지를 갖고 있기 때문입니다.

만약 그 대답이 "종교"라고 한다면, 그것은 일련의 믿음이나 활동을 의미하는 것으로 오해될 것입니다. 그러나 신약성경의 다른 이야기들이 보여 주듯이 마르다는 마리아 못지 않게 종교적이었습니다. 종교는 다른 것들과 동일한 근심을 만들어내면서 다른 것들과 동일한 차원에 있는 인간적 관심사일 수 있습니다. 종교사와 종교심리학의 모든 내용들이 이런 사실을 보여 줍니다. 심지어 이런 특별한 인간적 관심사를 북돋우는 특별한 사람들까지 있습니다. 그들은 매우 불경한 이름으로, 즉 "종교가"(religionist)라는 이름으로 불립니다. 사실 이것은 우리 시대의 종교의 타락을 다른 그 무엇보다도 잘 보여주는 단어입니다. 만약 종교가 모든 사람의 궁극적 관심사가 아니라 특별한 사람들의 특별한 관심사라면, 그것은 헛소리이거나 신성모독입니다.

그러므로 우리는 다시 묻습니다. "우리에게 필요한 한 가지는 무엇인가?" 그리고 그 질문에 답하기는 여전히 어렵습니다. 만약 우리가 "하나님"(God)이라고 답한다면, 이것 역시 오해될 소지가 있습니다. 하나님조차 유한한 관심, 즉 다른 객체들 사이에 있는 "하나의 객체"(an object)가 될 수 있습니다. 어떤 이들은 그분의 실존을 믿고 어떤 이들은 믿지 않는 그런 객체가 말입니다. 물론 그런 하나님은 우리의 궁극적 관심이 될 수 없습니다. 혹은 우리는 그분을 우리가 관계를 맺어두면 유리할 수 있는 여러 사람들 중 한 사람 같은 분으로 만듭니다. 그런 사람은 우리의 궁극적 관심을 지원해 줄 수는 있겠지만, 확실히 그가 우리의 궁극적 관심이 될 수는 없습니다.

우리에게 필요한 "한 가지"는 — 이것이 내가 최초로 그리고 어떤 의미에서는 마지막으로 줄 수 있는 대답입니다 — 궁극적으로, 무조건적으로, 무한히 관심을 갖는 것입니다. 그것이 마리아의 상태였습니다. 마르다는 그렇게 느꼈고 그것이 그녀를 화나게 만들었습니다. 그리고 그것이 예수님이 마리아를 칭찬하셨던 이유입니다. 우리의 본문은 마리아에 대해서 이것을 넘어서는 그 어느 것도 말하지 않았거나 하지 못했습니다. 또 우리의 본문은 마르다에 대해보다 마리아에 대해 적게 말하고 있습니다. 그러나 마리아는 무한히 관심을 가졌습니다. 그것이 우리에게 필요한 "한 가지"입니다.

만약 우리가 그런 궁극적인 관심의 힘과 열정을 갖고서 우리의 유한한 관심사들과 마르다의 삶의 영역을 바라본다면, 모든 것이 여전히 동일해 보이지만 사실은 모든 것이 변합니다. 우리는 그 모든 것들에 여전히 그러나 전과는 달리 관심을 갖습니다 - 즉 우리의 근심이 사라집니다! 사실 근심은 여전히 존재하며 우리에게 되돌아오려고 합니다. 그러나 그것의 힘은 사라집니다. 그것은 더 이상 우리를 파괴하지 못합니다. 필요한 "한 가지"에 사로잡힌 사람은 많은 것들을 무시합니다. 그것들은 그의 관심사가 되지만 궁극적인 관심사가 되지 못합니다. 그리고 그가 그것들을 모두 잃는다 할지라도, 그는 그에게 필요한 "한 가지"를 잃지 않으며, 결코 그것을 빼앗기지 않습니다.

22

올바른 때

¹범사에 기한이 있고 천하만사가 다 때가 있나니 ²날 때가 있고 죽을 때가 있으며 심을 때가 있고 심은 것을 뽑을 때가 있으며 ³죽일 때가 있고 치료할 때가 있으며 헐 때가 있고 세울 때가 있으며 ⁴울 때가 있고 웃을 때가 있으며 슬퍼할 때가 있고 춤출 때가 있으며 ⁵돌을 던져 버릴 때가 있고 돌을 거둘 때가 있으며 안을 때가 있고 안는 일을 멀리 할 때가 있으며 ⁶찾을 때가 있고 잃을 때가 있으며 지킬 때가 있고 버릴 때가 있으며 ⁷찢을 때가 있고 꿰맬 때가 있으며 잠잠할 때가 있고 말할 때가 있으며 ⁸사랑할 때가 있고 미워할 때가 있으며 전쟁할 때가 있고 평화할 때가 있느니라

전도서 3:1-8

방금 당신은 예수님이 탄생하시기 약 200년 전에 살았던 사람의 말을 읽었습니다. 그는 유대적 경건이라는 토양 안에서 자라났고, 그리스의 지혜라는 풍토 안에서 교육을 받았던 그 시대 – 재앙과 절망의 시대 – 의 아들이었습니다. 그는 세계 문학의 가장 염세적인 작품들까지도 능가하는 이 책(전도서 – 역주)에서 염세주의적인 언어로 그가 느꼈던 절망을 표현하고 있습니다.

그는 "모든 것이 헛되다"고 여러 번 반복해서 말합니다. 그에게는 모든 것이 헛됩니다. 설령 그가 인간적인 욕망을 채우기 위한 모든 수단을 갖고 있었을 뿐 아니라 그것들을 지혜롭게 사용하기까지 했던 솔로몬 왕이었다고 할지라도 그러합니다. 그런 사람조차 "헛되고 헛되며 헛되고 헛되니 모든 것이 헛되도다"(전 1:2)라고 말하지 않을 수 없습니다.

무거운 메시지

우리는 흔히 "전도자"(the Preacher)라고 불리는 이 책의 저자 – 사실 그는 "지혜의 교사"나 "실천적인 철학가"에 훨씬 더 가깝습니다만 – 의 이름을 알지 못합니다. 아마도 우리는 인간의 운명에 대한 그의 이런 어두운 생각이 어떻게 성경에 속하게 되었는지 의아하게 여길 것입니다. 사실 그것은 성경으로 받아들여지기 전까지 아주 오랜 시간과 숱한 반대를 극복해야 했습니다. 그러나 회당과 교회는 마침내 그것을 받아들였고, 지금 그 책은 이사야서와 마태복음 그리고 바울 서신과 요한의 글들과 나란히 성경 안에 포함되어 있습니다. "모든 것이 헛되도다"라는 말이 성경의 권위를 얻은 것입니다! 나는 이 책이 그런 권위를 얻을 만하다고 믿습니다. 그것은 실수로 얻어진 권위가 아니라, 진실이 갖고 있는 권위입니다. 인간의 상황에 대한 그의 묘사는 인간과 인간의 운명을 찬양하는 그 어떤 시보다도 참됩니다.

이런 묘사의 솔직함은 온갖 종류의 낙관주의자들이 간과하거나 숨기고 있는 것들에 대해 우리의 눈을 열어줍니다. 그러므로 만약 당신이 기독교가 너무나 많은 환상을 갖고 있다는 이유로 기독교를 공격하는 이들을 만난다면, 그들에게 만약 그들이 전도자의 책을 그들의 편으로 삼는다면 그들의 공격이 훨씬 더 강력해질 것이라고 말해 주십시오.

이 책이 성경의 일부라는 사실은 성경이 매우 현실적인 책임을 분명하게 보여 줍니다. 그리고 그것은 달리 될 수가 없습니다. 왜냐하면 오직 이런 근거 위에서만 예수 그리스도의 메시지가 의미를 갖기 때문입니다. 우리는 인간의 상황,

즉 인간의 낡은 현실에 대한 솔직한 견해를 받아들일 때만 그리스도 안에서 새로운 현실이 나타났다는 메시지를 이해할 수 있기 때문입니다. 자신의 삶에 대해 "헛되고 헛되니 모든 것이 헛되도다"라고 말해본 적이 없는 사람은 바울과 더불어 정직하게 "그러나 이 모든 일에 우리를 사랑하시는 이로 말미암아 우리가 넉넉히 이기느니라"(롬 8:37)고 말할 수 없습니다.

우리의 타이밍

전도자는 하늘 아래의 모든 것에는 때, 즉 정해진 시간이 있다고 말합니다. 그리고 그는 열네 가지의 대조(對照)를 통해 인간 실존의 모습 전체를 묘사하면서 모든 것에는 때가 있음을 보여 줍니다. 이것은 무엇을 의미하는 걸까요? 전도자가 모든 것에는 때가 있다고 말했을 때, 그는 그가 그동안 반복해 왔던 "이것도 헛되니, 바람을 잡으려는 것과 같도다"는 말을 잊은 것이 아니었습니다. 모든 것에 정해진 때가 있다는 사실은 그의 그런 비극적인 견해를 확증해 줄 뿐입니다.

모든 사물과 행위들에는 때가 있습니다. 그러나 모든 삶이 그 안에서 움직이는 이런 순환으로부터는 새로운 아무것도 나오지 않습니다. 모든 것은 시간을 초월하는 영원한 법에 의해 때가 정해져 있습니다. 우리는 이런 "타이밍"(timing)의 의미를 꿰뚫어 볼 수 없습니다. 우리에게 그것은 신비이며, 우리가 보는 것은 헛됨과 좌절뿐입니다. 하나님의 타이밍은 우리에게 숨겨져 있습니다. 그리고 우리의 수고와 타이밍은 궁극적으로 쓸모가 없습니다. 출생과 죽음, 전쟁과 평화, 사랑과 증오, 그리고 그 외에 서로 비교되는 다른 모든 것들의 리듬을 변화시키고자 하는 그 어떤 인간적인 노력도 헛됩니다. 이것이 모든 것에는 정해진 때가 있다는 진술의 첫 번째 의미입니다.

적절한 타이밍

그러나 그것이 전부는 아닙니다. 전도자가 심을 때와 뽑을 때, 죽일 때와 치료할 때, 헐 때와 세울 때, 슬퍼할 때와 춤출 때, 잠잠할 때와 말할 때가 있다고 말하는 것은 우리에게 "올바른 때"(right time), 즉 어떤 일은 하고 다른 것을 하지 말아야 할 때를 분별하라고 요구하고 있는 것입니다. 그는 모든 일에는 극복할 수 없는 운명에 의해 때가 정해져 있다고 강조한 후 우리가 위로부터 오는 이런 타이밍을 따르고 그것에 우리의 타이밍을 맞출 것을 요구합니다. 우리의 행위를 위한 여러 가지 현명한 규칙을 제공하는 지혜의 교사인 그가 올바른 타이밍을 요구하고 있는 것입니다. 그는 우리의 모든 타이밍은 위로부터 오는, 즉 숨어 있는 시간의 지배자로부터 오는 타이밍에 의존하고 있다는 것을 알고 있습니다. 그러나 이것은 우리가 옳지 않은 때를 피하고 올바른 때에 행동하는 것을 배제하지 않습니다.

고대 세계는 우리가 행하는 모든 일을 위한 적합한 시간이 있다는 믿음을 따라 움직이고 있었습니다. 만약 당신이 집을 짓거나 결혼을 하거나 어떤 중요한 일을 위해 여행을 하거나 전쟁을 시작하려면, 당신은 그렇게 하기 위한 올바른 때를 알아봐야 합니다. 당신은 그것을 알고 있는 누군가에게, 가령 제사장이나 천문가, 선견자나 선지자 같은 사람들에게 그때가 언제인지 물어봐야 합니다. 당신은 좋은 때가 언제인지에 대한 그들의 신탁(神託)에 기초해서 행동하거나 행동하지 않거나 할 수 있습니다. 이것은 수백 년 아니 수천 년이나 된 믿음이었습니다.

이것은 세대에서 세대로 이어지는 인간의 역사에서 가장 강력한 힘들 중 하나였습니다. 과거의 가장 위대한 인물들은 정해진 시간을 알려 주는 신탁을 기다렸습니다. 예수님 자신이 "내 때는 아직 이르지 아니하였거니와"(요 7:6)라고 말씀하셨습니다. 그리고 그분은 자신의 때가 왔다고 느끼셨을 때 예루살렘으로 올라가셨습니다.

현대인들은 대개 신탁을 구하려 하지 않습니다. 그러나 그들은 그들의 선조들만큼이나 때를 맞추는 것의 필요성에 대해 알고 있습니다. 나는 이 나라에 온 지 얼마 되지 않았을 때 한 영향력 있는 미국인 사업가와 어떤 프로젝트에 대해 토론을 하게 되었습니다. 그때 그가 나에게 말했습니다. "성공적인 행동을 위한 첫 단계가 적절한 타이밍이라는 것을 잊지 마세요." 그후로 나는 여러 가지 정치적 혹은 상업적 활동에 대한 이야기를 읽을 때마다 그의 말을 수도 없이 떠올렸습니다. 활동과 계획에 대한 수많은 대화들에서 타이밍의 문제가 제기되었습니다. 그것은 우리의 문화와 산업 문명의 가장 중요한 패턴들 중 하나입니다. 이것은 전도자의 말들과 어떻게 비교될 수 있을까요?

그 사업가가 나에게 타이밍에 대해 말했을 때, 그는 자기가 했던 일과 하려고 하는 일에 대해 생각했을 것입니다. 그는 어떤 행동을 하기 위한 적절한 때를 알고 또 그렇게 함으로써 성공했던, 그리고 자신을 운명의 주인공이나 새로운 일의 창조자나 상황의 정복자처럼 여기는 사람이 갖고 있는 교만함을 드러내 보였습니다. 그러나 이런 확신은 전도자의 마음 상태가 아닙니다. 전도자는 올바른 타이밍의 필요성에 대해 언급하면서도 "모든 것이 헛되다"는 그의 위대한 선언을 포기하지 않았습니다. 당신도 그렇게 해야 합니다. 당신은 올바른 순간을 붙들어야 합니다. 그러나 궁극적으로 그것은 중요하지 않습니다. 마지막은 현명한 자나 어리석은 자 그리고 애쓰는 자나 즐기는 자 모두에게 동일합니다. 심지어 그것은 사람이나 동물 모두에게 동일합니다.

인간에 대한 시간의 지배

전도자는 무엇보다도 자신이 시간의 지배를 받고 있다는 것을 의식하고 있습니다. 그는 우리의 타이밍을 부차적인 문제로서 지적할 뿐입니다. 반면에 그 사업가는 무엇보다도 자신이 시간을 정해야 한다고 의식하고 있습니다. 그는 자신이 시간의 지배를 받고 있다는 사실에 대해서는 모호한 의식만 갖고 있었을 뿐입니다.

물론 그 사람 역시 자기가 올바른 때를 만들어내지 못하며, 오히려 자신이 그런 시간에 의존하고 있으며, 계산과 행동을 잘못해서 그런 시간을 놓칠 수도 있다는 것을 의식하고는 있습니다. 그는 자신의 타이밍에 한계가 있으며, 자기보다 강력한 경제적 요인들이 있으며, 자기 역시 그의 모든 계획을 종식시키는 최종적 운명에 예속되어 있다는 것을 알고 있습니다. 그는 그런 사실을 알고 있습니다. 그러나 그는 어떤 계획을 세우고 행동할 때 그런 사실을 무시합니다.

전도자는 그와는 아주 다릅니다. 그는 시간의 지배를 받는 일들을 열거할 때 출생과 죽음의 문제로 시작했습니다. 출생과 죽음은 인간의 타이밍을 초월합니다. 그것들은 침해될 수 없는 푯말입니다. 우리는 그것들의 시간을 정할 수 없으며, 우리의 모든 타이밍은 그것들에 의해 제한됩니다. 이것이 현대 초기에 죽음과 죄와 지옥이 공개적인 논의의 장에서 제거되었던 이유입니다. 중세 시대에는 모든 방과 거리, 그리고 더욱 중요하게는 모든 마음과 모든 정신이 마지막, 즉 죽음에 대한 상징들로 채워져 있던 반면, 오늘날에는 죽음을 언급하는 것조차 좋지 않은 취향으로 간주되고 있습니다.

현대인들은 마지막에 대한 인식이 자신들의 타이밍 능력을 어지럽히거나 감소시킨다고 느낍니다. 그들은 죽음에 대한 위협적인 상징들 대신 모든 방과 거리, 그리고 더욱 중요하게는 그들의 마음과 신경 안에 시계(時計)들을 갖고 있습니다. 시계에는 무언가 신비한 것이 있습니다. 그것은 우리의 매일의 타이밍을 결정합니다. 그것이 없다면 우리는 다음 시간을 위한 계획을 세우지 못하고, 우리의 활동들 중 그 어느 것에 대해서도 시간 계획을 세우지 못합니다.

그러나 시간은 또한 우리에게 우리가 시간의 지배를 받고 있다는 사실을 상기시켜 줍니다. 그것은 우리의 시간이 그 정해진 끝을 향해 돌진하고 있음을 가리켜 줍니다. 시계의 초침소리는 많은 사람들에게 그들이 시간의 지배를 받고 있다는 것을 상기시켜 왔습니다. 옛날 독일의 야경꾼들이 거리에서 부르던 노래는 모든 시간을 각기 특별한 표현을 사용해 알렸습니다. 자정을 알릴 때 야경꾼들은 다음과 같이 외쳤습니다. "열두 시— 시간의 종착역! 오 하나님, 우리에게 영원을 허락하옵소서!"

시간을 대하는 두 가지 방식

시계에 대한 이런 두 가지 태도는 타이밍의 두 가지 방식을 지적해 줍니다. 하나는 시간의 지배를 받는 것이고(being timed), 다른 하나는 다음 시간과 오늘과 내일의 시간을 정하는 것(timing)입니다. 지금 시계는 당신에게 무엇을 말해 주고 있습니까? 그것이 당신에게 일어나고, 일하고, 먹고, 말하고, 잠잘 시간을 알려 주고 있습니까? 그것이 당신에게 다음 약속과 다음 계획을 가리켜 주고 있습니까? 혹은 그것은 또 다른 한 날과 또 다른 한 주가 지나갔으며, 그로 인해 우리가 조금 더 늙었으며, 우리의 계획의 실현을 위해, 또 너무 늦기 전에 계획을 세우고 일을 시작하고 끝내기 위해 좀더 나은 시간

계획이 필요하다는 것을 알려 주고 있습니까? 혹은 그것이 우리로 하여금 더 이상 그 초침소리가 들리지 않는 순간을 예기(豫期)하게 하고 있습니까?

산업시대의 사람들이자 매일 매 시간 시간을 정하며 살아가고 있는 우리는 자신의 모든 시간과 모든 시간계획을 되돌아보며 "헛되다"고 말했던 전도자의 용기와 상상력을 갖고 있습니까? 그렇다면, 우리의 타이밍은 어찌되는 걸까요? 그것은 모든 의미를 상실하는 걸까요? 우리는 전도자와 더불어 "인간이 매 시간 그에게 주어지는 삶을 즐기는 것은 좋은 일이다, 그러나 태어나지 않는 편이 더 좋은 일이다"라고 말해야 하는 것 아닐까요?

하나님의 타이밍

인간의 실존의 문제, 즉 시간을 정하는 것과 시간의 지배를 받는 문제에 대한 또 다른 해답이 있습니다. 그것은 다음과 같은 예수님의 말씀으로 요약됩니다. "때가 찼고 하나님의 나라가 가까이 왔다"(막 1:15). 이 말씀에 따르면, 하나님의 타이밍이 우리의 타이밍 속으로 꿰뚫고 들어옵니다. 새로운 무언가가 나타나 그 사업가의 문제뿐 아니라 전도자의 문제에까지 답을 제공합니다.

우리는 모든 세대의 생각하는 사람들과 더불어 다음과 같이 묻습니다. "시간의 흐름과 그 안에 있는 모든 것들의 쇠퇴가 갖는 의미는 무엇인가? 만약 우리 모두의 그리고 우리가 하는 모든 일들의 마지막이 같다면, 우리가 수고하고 계획을 세우는 것은 무슨 의미가 있는가? 모든 것이 허무한 것인가?" 그리고 우리가 얻는 대답은 다음과 같습니다. "우리의 이런 시간 속에서 우리의 시간으로부터가 아니라 영원으로부터 오는 무언가가 일어난다. 그리고 이 시간들은 우리의 시간이다!"

시간 안에서 우리를 제한하는 바로 그 힘이 우리의 타이밍에 영원한 의미를 제공합니다. 예수님이 드디어 "때"가 되었다고, 즉 하나님의 나라가 가까이 왔다고 말씀하셨을 때, 그분은 허무의 법칙에 대한 승리를 선포하셨던 것입니다. 이런 때는 삶과 죽음의 순환 그리고 다른 모든 허무의 순환에 예속되지 않습니다. 하나님 자신이 시간의 어느 한 순간에 나타나실 때, 시간의 흐름은 정복됩니다. 그리고 만약 이런 일이 시간의 어느 "한" 순간에 일어난다면, 그때는 시간의 "모든" 순간들이 또 다른 의미를 얻게 됩니다.

시계의 초침이 돌아갈 때, 그것은 하나의 공허한 순간이 또 다른 공허한 시간에 의해 대체되는 것이 아닙니다. 오히려 각 순간들은 우리에게 "영원이 이 순간에 가까이 와 있다"고 말합니다. 그 순간은 지나가고, 영원이 남습니다. 이 순간, 이 시간, 이날, 그리고 이 짧거나 긴 생애 안에서 일어나는 모든 일들은 무한한 의미를 갖고 있습니다. 순간순간 행하는 우리의 타이밍, 내일을 위한 오늘의 계획, 우리의 일생의 수고는 헛되이 사라지지 않습니다. 그 가장 심오한 의미는 허무가 그것들을 삼켜버리는 "앞"(ahead)이 아니라, 영원이 그것들을 긍정하는 "위"(above)에 있습니다. 이것이 시간과 타이밍의 중요성입니다. 하나님은 우리의 타이밍을 통해서 그분의 나라가 도래할 때를 정하십니다. 그분은 우리의 타이밍을 통해서 허무의 시간을 성취의 시간으로 고양시키십니다.

시간과 영원

예민함과 직관을 갖고서 시간 안에서 그리고 자신의 시간과 우리의 모든 행동주의적인 문명을 위해서 자신이 해야 할 일들의 때를 정하는 행동주의자들(activists)은 우리에게 해답을 주지 못합니다. 한때 그 자신이 매우 성공적인 행동주의자였던 전도자는 이것이 해답이 아니라는 것을 알고 있었습니다.

그리고 이제 솔직해져 봅시다. 오늘날 우리의 마음 안에는 전도자의 정신이 강력하게 자리 잡고 있습니다. 그의 정신 상태가 우리의 철학과 시를 가득 채우고 있습니다. 인간의 실존의 허무함은 자신을 실존에 대한 철학자 혹은 시인이라고 부르는 자들에 의해 강력하게 묘사되고 있습니다. 그들은 모두 자기 시대의 위대한 실존주의자였던 전도자의 후예들입니다. 그러나 그들도, 전도자 자신도 해답을 알지 못합니다. 그들은 단순한 행동의 사람들보다 많은 것을 알고 있습니다. 그들은 행동과 타이밍의 허무함에 대해 알고 있습니다. 그들은 우리가 시간의 지배를 받고 있다는 것을 알고 있습니다. 그럴지라도 그들은 해답을 알지 못합니다.

물론 우리는 행동해야 합니다. 우리는 그렇게 하지 않을 수 없습니다. 우리는 매일 우리의 삶의 시간들을 정해야 합니다. 전도자가 솔로몬 왕의 예를 따르면서 했던 것처럼 우리 역시 분명하게 그리고 성공적으로 그렇게 합시다. 그러나 또 그가 이 모든 것을 살핀 후 그것의 허망함을 깨달았을 때처럼 우리 역시 그렇게 합시다.

이때, 그리고 오직 이때에만, 우리는 시간 안에서 나타나 시간을 영원으로 고양시키는 영원한 것의 메시지를 받을 준비를 할 수 있습니다. 이때 우리는 시계의 움직임 속에서 계속해서 지나가는 순간들뿐 아니라, 우리를 위협하고 우리에게 무언가를 요구하고 약속하면서 우리 가까이 와 있는 영원을 볼 수 있습니다. 이때 우리는 "그럼에도 불구하고"라고 말할 수 있습니다. 나는 전도자와 오늘날과 모든 시대의 모든 곳에 존재하는 그의 모든 염세적인 추종자들이 옳다는 사실에도 불구하고, 여전히 시간과 수고와 행동에 대해 찬동할 수 있습니다. 나는 모든 순간의 무한한 의미에 대해 알고 있습니다. 그러나 그럴지라도 우리는 행동주의자— 설령 그가 기독교적 행동주의자일지라도— 의 태도로 퇴보해서는 안 됩니다. 사실 기독교계 안에는 그런 남자와 여자들이 많이 있습니다.

시간의 실현에 대한 메시지는 어떤 새로운 기독교적 행동주의를 위한 청신호가 아닙니다. 오히려 그것은 우리로 하여금 바울과 더불어 다음과 같이 말하게 만듭니다. "그러므로 우리가 낙심하지 아니하노니 우리의 겉사람은 낡아지나 우리의 속사람은 날로 새로워지도다 우리가 잠시 받는 환난의 경한 것이 지극히 크고 영원한 영광의 중한 것을 우리에게 이루게 함이니 우리가 주목하는 것은 보이는 것이 아니요 보이지 않는 것이니 보이는 것은 잠깐이요 보이지 않는 것은 영원함이라"(고후 4:16-18).

이 말씀 속에서 전도자의 메시지와 예수님의 메시지가 결합됩니다. 모든 것이 헛됩니다. 그러나 이 헛됨을 통해 영원한 것이 우리에게 빛을 비추고, 우리 가까이 다가오고, 우리를 자신에게로 이끌어갑니다. 영원이 시간을 찾아올 때, 행동주의는 사라집니다. 영원이 시간을 찾아올 때, 염세주의는 사라집니다. 영원이 우리의 시간을 지배할 때, 그 시간은 영원의 그릇이 됩니다. 그때 우리는 영원한 것의 그릇이 됩니다.

23
사랑은 죽음보다 강하다

14우리는 형제를 사랑함으로 사망에서 옮겨 생명으로 들어간 줄을 알거니와 사랑하지 아니하는 자는 사망에 머물러 있느니라

요한1서 3:14

어느 시대에나 마찬가지겠지만 우리 시대에도 사람들은 죽음보다 강한 무언가를 볼 필요가 있습니다. 우리 시대에 죽음은 개인에게나, 가족에게나, 국가에게나, 인류 전체에게나 강력한 것이 되었습니다. 죽음은 강력한 것이 되었습니다. 이것은 우리의 존재의 종말과 유한성과 한계와 부패가 가시적인 것이 되었다는 의미입니다.

그러나 서구 문명에서 이런 사실은 거의 한 세기 동안이나 감추어져 있었습니다. 우리는 세상만물의 주인이 되었습니다. 자연에 대한 통제와 사회적 계획은 우리의 존재의 지경을 넓혀주었습니다. 생명에 대한 긍정이 그것에 대한 부정을 압도함으로써 부정적인 소리는 더 이상 들리지 않게 되었습니다. 그것은 우리 마음의 감춰진 근심 속으로 도망치면서 점점 더 희미해져 갔습니다. 우리는 우리가 유한하다는 사실을 잊었고 우리를 둘러싸고 있는 무(無)의 심연을 망각했습니다.

우리는 수천 년의 노고의 결과들을 우리의 곳간에 모아들였습니다. 모든 세대의 사람들이 노력한 결과 성취의 세대가 된 우리는 죽음마저 짓밟을 수 있을 것 같았습니다. 물론 우리가 멸절시켰다고 생각했던 것은 생명의 자연스러운 죽음이 아니라, 생명의 안과 위에 존재하는 힘으로서의 죽음 또 우리의 영혼의 주와 주인으로서의 죽음이었습니다. 우리는 우리의 아이들에게 죽음의 모습을 보여 주지 않았습니다. 그리고 여기저기에서 또 우리의 이웃과 세계에서 치명적인 격동과 종말이 가시적인 것이 되었을 때조차 우리의 안전감은 교란되지 않았습니다. 우리에게 그런 사건들은 단지 우연하고 어쩔 수 없는 것이었을 뿐, 우리의 존재의 심연 위에 단단하게 올려놓은 덮개를 깨뜨리지 못했습니다.

죽음의 그림자

그러다가 갑자기 그 덮개가 깨졌습니다. 베일을 벗은 죽음의 그림자가 수천 가지 모습으로 나타났습니다. 중세 말엽에 죽음의 상징이 그림과 시들을 통해 묘사되고, 모든 살아 있는 것들과 춤추는 죽음의 모습이 그림으로 그려지고 노래로 불렸던 것처럼, 세계대전과 혁명과 집단 이주의 시대인 우리 시대는 죽음의 현실성을 재발견하게 되었습니다.

우리는 전쟁을 통해 수백만 명의 사람들이, 혁명을 통해 수십만 명의 사람들이, 그리고 소수자들 대한 박해와 조직적인 숙청을 통해 수만 명의 사람들이 죽어가는 것을 지켜보았습니다. 여러 나라를 이룰 만큼이나 많은 사람들이 여전히 지구상에서 방랑하고 있습니다. 그리고 그들은 그들의 방랑을 끝내기 위한 인위적인 장벽들이 세워짐에 따라 지구상에서 사라지고 있습니다.

"피난민들" 혹은 "이주자들"이라고 불리는 이들은 모두 이런 방랑을 하고 있습니다. 그들 안에는 다시 죽음이 지배권을 행사하는 무서운 사건들의 파편이 뚜렷이 새겨져 있습니다 — 사실 한 동안 우리는 그런 것들이 영원히 사라졌다고 믿었지만 말입니다. 그런 이들은 그들의 영혼에 그리고 종종 그들의 몸에 죽음의 흔적들을 지니고 있습니다. 그리고 그것들은 결코 완전하게 지워지지 않을 것입니다.

아마도 여러분은 이런 거대한 이주(移住)에 참여해 본 적이 없을 것입니다. 그러나 여러분은 그런 이주자들을 우리의 삶의 구성요소인 죽음에 대한 상징으로 받아들여야 할 것입니다. 그들을 그들의 운명을 통해 우리에게 삶과 역사의 모든 순간에 존재하는 마지막을 상기시키는 이들로 받아들이십시오. 그들을 모든 인간적인 관심사, 모든 인간적 삶, 그리고 모든 피조물의 유한성과 일시성에 대한 상징으로 받아들이십시오.

우리는 종말의 세대가 되었습니다. 그리고 우리 중 피난민과 추방자들로 살았던 이들은, 설령 이제 그들이 이 나라나 다른 나라에서 새로운 출발을 했을지라도, 결코 그 사실을 잊어서는 안 됩니다. 종말은 외적인 것이 아닙니다. 그것은 어린 시절의 집, 우리와 함께 자랐던 사람들, 우리를 형성해 준 물건들과 언어, 우리가 물려받거나 노력해서 얻은 영적이거나 물질적인 재화들, 갑작스러운 죽음으로 인해 우리 곁을 떠난 친구들처럼 우리가 다시 얻을 수 없는 것들의 상실만을 의미하는 게 아닙니다. 종말은 이 모든 것들 이상입니다. 그것은 우리 안에 있습니다. 그것은 우리의 존재 그 자체가 되었습니다.

우리는 종말의 세대이며 우리가 그렇다는 것을 알고 있습니다. 아마도 우리 중에는 자신과 온 세계에 일어난 일들을 이제는 잊어버려야 한다고 생각하는 사람들이 있을 것입니다. 그러나 우리의 운명이 된 일을 받아들이고, 우리의 삶과 우리의 영혼 속에 있는 종말의 표지들을 숨기기를 거부하고, 죽음의 음성이 들리도록 하는 편이 훨씬 더 고결하고 참되고 강한 것 아닐까요? 우리는 우리에게 제공된 모든 새로운 가능성들 안에서 자신이 운명에 의해 형성된 존재임을 인정해야 하지 않을까요? 우리는 우리가 종말의 상징이라고 고백해야 하지 않을까요? 이 종말은 위대한 동시에 거짓이었던 시대의 종말입니다. 그것은 자신이 유한하다는 사실을 잊고 죽음의 모습을 감추려고 할 때 늘 거짓이 되어버리는 모든 유한한 것들의 종말입니다.

사랑의 실현

그러나 누가 이런 종말의 모습을 바라보는 것을 견딜 수 있을까요? 오직 그 종말의 뒤와 위에 있는 또 다른 무언가를 볼 수 있는 사람뿐입니다. 그 무언가는 바로 "사랑"입니다. 왜냐하면 사랑은 죽음보다 강하기 때문입니다. 모든 죽음은 이별, 분리, 고립, 반대, 그리고 불참을 의미합니다. 국가의 죽음과 세대의 종말과 영혼의 쇠약 역시 마찬가지입니다. 우리가 홀로 있기를 원하고, 자신의 불운을 슬퍼하고, 자신의 절망을 키우고, 자신의 비통함을 즐기고, 다른 이들의 육체적이고 정신적인 필요들에 대해 냉담하게 고개를 돌릴 때, 우리의 영혼은 가난해지고 쇠약해집니다.

그러나 사랑은 분리를 극복하고 참여를 만들어냅니다. 그 참여 안에는 그것에 참여하는 개인들이 제공할 수 있는 것보다 훨씬 더 많은 것이 존재합니다. 사랑은 유한한 것에 주어지는 무한한 것입니다. 그러므로 우리는 다른 이들 안에서 사랑합니다. 왜냐하면 우리는 단지 다른 이들을 사랑하는 것이 아니라, 그들 안에 있는 또 그들의 사랑과 우리의 사랑보다 큰 사랑(the Love)을 사랑하기 때문입니다.

서로 돕는 일에서 가장 중요한 것은 필요를 경감시키는 것이 아니라 사랑을 실현하는 것입니다. 물론 다른 이의 필요를 자신의 것으로 여기기를 원하지 않는 사랑은 존재하지 않습니다. 그러나 사랑으로부터 나와서 사랑을 창조하지 않는 참된 도움 역시 존재하지 않습니다. 온갖 종류의 구호단체들을 통해 죽음과 파멸에 맞서 싸우는 사람들은 이것을 알고 있습니다. 종종 외적인 도움이 거의 불가능할 때가 있습니다. 그러나 도움을 받는 사람들의 감사는 먼저 그리고 늘 사랑에 대한 감사이고, 그후에야 비로소 도움에 대한 감사가 이어집니다. 사랑 - 도움이 아니라 - 은 죽음보다 강합니다. 그러나 도움이 되지 않는 사랑은 존재하지 않습니다. 사랑 없는 도움이 제공되는 곳에는, 그 도움으로부터 새로운 고통이 자라납니다.

나라와 세대들 안에서 그리고 우리 시대의 모든 두려운 일들 안에서 죽음을 극복하는 것은 인간의 사랑과 하나님의 사랑입니다. 현재 우리가 경험하고 있는 괴물과도 같은 힘들 앞에서 도움은 거의 불가능한 것이 되었습니다. 죽음은 모든 유한한 것들을 제압합니다. 특히 우리 시대에는 더욱 그러합니다. 그러나 죽음은 사랑을 제압하지 못합니다. 사랑이 더 강합니다. 그것은 죽음에 의해 야기된 파괴로부터 새로운 무언가를 창조합니다. 그것은 모든 것을 견디고 모든 것을 정복합니다. 그것은 죽음의 힘이 가장 강력하게 발휘되는 전쟁과 박해와 노숙생활과 굶주림과 육체적 죽음 그 자체 안에서도 활동합니다. 그것은 모든 곳에 존재합니다. 그리고 그것은 여기저기에서 가장 크고 가장 잘 보이는 방식으로뿐 아니라 가장 작고 가장 숨겨진 방식으로도 죽음으로부터 생명을 구해냅니다. 그것은 우리 모두를 구해냅니다. 왜냐하면 사랑은 죽음보다 강하기 때문입니다.

24

우주의 구원

45제육시로부터 온 땅에 어둠이 임하여 제구시까지 계속되더니 46제구시쯤에 예수께서 크게 소리 질러 이르시되 엘리 엘리 라마 사박다니 하시니 이는 곧 나의 하나님, 나의 하나님, 어찌하여 나를 버리셨나이까 하는 뜻이라 … 50예수께서 다시 크게 소리 지르시고 영혼이 떠나시니라 51이에 성소 휘장이 위로부터 아래까지 찢어져 둘이 되고 땅이 진동하며 바위가 터지고 52무덤들이 열리며 자던 성도의 몸이 많이 일어나되 53예수의 부활 후에 그들이 무덤에서 나와서 거룩한 성에 들어가 많은 사람에게 보이니라 54백부장과 및 함께 예수를 지키던 자들이 지진과 그 일어난 일들을 보고 심히 두려워하여 이르되 이는 진실로 하나님의 아들이었도다 하더라

마태복음 27:45-46; 50-54

십자가 처형에 대한 이야기에서 예수님의 고뇌와 죽음은 자연과 관계된 일련의 사건들과 연결됩니다. 어둠이 땅을 덮습니다. 성전의 휘장이 둘로 찢어집니다. 땅이 흔들리고 죽은 자들이 무덤에서 일어섭니다. 자연은 두려워하면서 그 결정적인 역사적 사건에 참여합니다. 태양은 그 머리를 가립니다. 성전은 슬퍼하는 모습을 합니다. 땅의 터들이 움직입니다. 무덤들이 열립니다. 자연이 소동을 벌입니다. 왜냐하면 우주와 관련된 어떤 일이 일어나고 있기 때문입니다.

한 인간의 죽음

복음서 기자들의 시대 이후, 세계의 구원이라는 드라마 안에서 골고다 이야기가 전환점이 되는 사건으로 전해지는 모든 곳에서는 언제나 자연이 그 드라마 안에서 담당했던 역할도 소개됩니다. 십자가 처형에 대한 그림을 그렸던 화가들은 그들의 예술적 능력을 모두 동원해 땅을 덮은 어둠을 대개 자연스럽지 않은 색깔로 표현했습니다. 나는 성 금요일에 대한 아주 어린 시절의 인상을 아직도 기억하고 있습니다. 그때 나는 무엇보다도 하나님의 고통의 신비를 그 고통에 대한 자연의 공감을 통해 느꼈습니다. 십자가에 달리신 분에 대해 증언했던 최초의 이방인이었던 백부장도 그렇게 느꼈습니다. 경외감과 엄숙한 두려움으로 가득 찼던 그는 한 거룩하고 순전한 인간의 죽음 이상의 무언가가 발생했다는 사실을 아주 자연스럽고도 심원한 방식으로 깨달았습니다.

우리는 어느 특별한 해의 어느 특별한 날에 구름이나 먼지 폭풍이 해를 가렸던 게 아니냐고, 바로 그 시간에 팔레스타인에서 지진이 일어났던 게 아니냐고, 예루살렘 성전 지성소 앞에 있는 휘장이 낡아서 수선할 필요가 있었던 게 아니냐고, 혹은 부활한 성도들의 육신이 다시 죽지 않았느냐고 물어서는 안 됩니다. 오히려 우리는 과연 우리가 복음서 기자들과 화가들 그리고 어린아이들과 로마 군인들처럼 골고다 사건을 모든 자연과 모든 역사를 포함해 우주와 관련된 사건이라고 느낄 수 있는지 물어야 합니다. 이런 질문을 염두에 두고 우리의 복음서 기자가 보고하는 표적들을 살펴봅시다.

우주의 변화

태양은 그것이 십자가에서 보았던 깊은 악과 수치 때문에 자신의 얼굴을 가렸습니다(45절). 그러나 또한 태양은 그 어두움의 시간에 세상에 대한 자신의 힘이 한 때만이 아니라 영원히 그쳤다는 사실 때문에 자신의 얼굴을 가렸습니다. 세상에 살아 있는 모든 것들의 위대한 빛과 열인 태양은 수천 년 동안 무수히 많은 사람들로부터 찬양과 두려움과 존경을 받아

왔습니다. 그런데 이제 한 인간이 궁극적인 고뇌의 순간에 태양보다 큰 것과의 결합을 유지했고, 그때 태양은 그것이 갖고 있던 신적 능력을 빼앗겼습니다. 그 어두움의 시간 이후로는 태양이 아니라 우주의 모든 힘들에 의해서도 부서지지 않은 채 고통당하며 싸우는 한 영혼이 가장 높으신 분의 형상이 되었으며, 태양은 단지 성 프랜시스(St. Francis)가 했던 방식으로 - 그는 태양을 우리의 신이 아니라 우리의 형제라고 불렀습니다 - 찬양될 수 있을 뿐임이 분명해졌습니다.

"이에 성소 휘장이 위로부터 아래까지 찢어져 둘이 되고"(51절). 성전은 마치 슬퍼하는 자들이 하듯이 자신의 옷을 찢었습니다. 왜냐하면 성전은 다른 누구보다도 그분에게 속해 있었는데, 바로 그분이 그 성전을 섬기는 자들에 의해 버림을 받고 죽임을 당했기 때문입니다. 그러나 예루살렘 성전 - 그리고 그것과 더불어 세상에 있는 모든 성전들 - 역시 자신의 운명에 대해 탄식했습니다. 왜냐하면 성전을 다른 곳들과 구별되는 거룩한 장소로 만들었던 휘장이 그 분리시키는 능력을 잃어버렸기 때문입니다. 성전을 모독한다는 비난을 받아 쫓겨나신 분이 그 휘장을 찢으셨고, 모두를 위해 그리고 모든 시간을 위해 성전을 열어놓으셨습니다. 이 휘장은 더 이상 꿰매어져서는 안 됩니다. 비록 지금도 여전히 그것을 꿰매려고 하는 제사장들과 목사들과 경건한 사람들이 있지만 말입니다. 그들은 성공하지 못할 것입니다. 왜냐하면 모든 장소를 성소(聖所) 곧 하나님이 임재하시는 곳으로 여기시는 분께서 성소의 이름으로 십자가에 못 박히셨기 때문입니다. 성전의 휘장이 둘로 찢어졌을 때, 하나님은 종교를 심판하시고 성전들을 거부하셨습니다. 그때 이후 성전과 교회들은 단지 사람들이 모든 장소의 근거이자 의미인 거룩한 곳에 생각을 집중하기 위한 장소라는 의미만 갖게 되었습니다.

성전과 마찬가지로 땅도 골고다에서 심판을 받았습니다. 땅은 두려워 떨면서 십자가에 달리신 분의 고뇌에 참여했고, 또 그분 안에서 새로운 시대의 시작을 보았던 모든 이들의 절망에 참여했습니다. 두려워 떠는 땅은 그것이 우리가 그 위에 우리의 집과 도시와 문화와 종교 시스템들을 안전하게 세울 수 있는 대지가 아니라는 것을 입증했습니다. 그 두려워 떠는 땅은 자신이 의존하고 있는 또 다른 근거를 가리킵니다. 그것은 모든 세상의 권력과 가치들이 그들의 적대감을 집중하고 있으나 결코 정복할 수 없는 "자기를 내어주는 사랑"입니다. 예수님이 큰 소리를 지르시고 마지막 숨을 내쉬고 바위들이 터졌던 시간 이후, 땅은 우리가 그 위에 세운 것들의 토대가 되기를 그쳤습니다. 그것은 보다 깊은 근거를 가질 때만

서 있을 수 있습니다. 그것은 십자가가 서 있는 동일한 기초 위에 서 있을 때만 지속될 수 있습니다. 그리고 땅은 삶의 견고한 근거가 되기를 그쳤을 뿐 아니라 죽음의 영원한 무덤이 되는 것도 그쳤습니다. 부활은 그리스도의 죽음에 덧붙여진 무언가가 아닙니다. 오히려 그것은, 부활 이전의 부활에 대한 이야기가 가리키듯이, 그분의 죽음 안에 내포되어 있었습니다.

이제 우주는 더 이상 "출생에서 죽음으로"라는 법칙에 예속되어 있지 않습니다. 그것은 보다 높은 법, 즉 영원한 생명을 대표하시는 분의 죽음에 의해 수립된 "죽음에서 생명으로"라는 법칙에 예속되어 있습니다. 그 안에 하나님이 제한 없이 임재해 계신 한 사람이 자신의 영혼을 그의 아버지의 손에 맡겼을 때 무덤들이 열리고 죽은 자들이 일어섰습니다. 이 순간부터 우주는 더 이상 과거의 우주가 아니었습니다. 자연은 또 다른 의미를 부여받았습니다. 역사는 변화되었고, 당신과 나는 더 이상 과거의 우리가 아니며, 더 이상 그렇게 되어서도 안 됩니다.